CENTRE INTERNATIONAL D'ÉTUDE DU SPORT
国际体育研究中心

A research mandate on behalf of
国际足联官方授权

FIFA®

世界各国足球协会与职业联赛治理模式研究报告

GOVERNANCE MODELS ACROSS FOOTBALL ASSOCIATIONS AND LEAGUES

Camille Boillat & Raffaele Poli

〔瑞士〕卡米尔·博利亚特
〔瑞士〕拉法莱·波利　著　刘驰　译

天津出版传媒集团
天津人民出版社

图书在版编目（CIP）数据

世界各国足球协会与职业联赛治理模式研究报告 /
（瑞士）卡米尔·博利亚特，（瑞士）拉法莱·波利著；
刘驰译 . -- 天津：天津人民出版社，2017.10

　书名原文：GOVERNANCE MODELS ACROSS FOOTBALL
ASSOCIATIONS AND LEAGUES

　　ISBN 978-7-201-12334-9

　Ⅰ . ①世… Ⅱ . ①卡… ②拉… ③刘… Ⅲ . ①足球运
动 – 职业体育 – 联赛 – 管理模式 – 研究报告 – 世界 Ⅳ .
① G843.735

中国版本图书馆 CIP 数据核字 (2017) 第 208212 号

著作权合同登记号：图字 02-2017-207

世界各国足球协会与职业联赛治理模式研究报告
SHIJIEGEGUOZUQIUXIEHUIYUZHIYELIANSAIZHILIMOSHIYANJIUBAOGAO

〔瑞士〕卡米尔·博利亚特，〔瑞士〕拉法莱·波利 著；刘驰 译

出　　版　天津人民出版社
出 版 人　黄沛
地　　址　天津市和平区西康路 35 号康岳大厦
邮政编码　300051
邮购电话　(022)23332469
网　　址　http://www.tjrmcbs.com
电子信箱　tjrmcbs@126.com

策划编辑　韩贵骐
责任编辑　霍小青
装帧设计　汤　磊

印　　刷　高教社(天津)印务有限公司
经　　销　新华书店
开　　本　880×1230 毫米　1/32
印　　张　5.5
插　　页　1
字　　数　80 千字
版次印次　2017 年 10 月第 1 版　2017 年 10 月第 1 次印刷
定　　价　46.00 元

鸣 谢

我们要特别感谢以下向我们提供相关信息的人员：

- Alex Miescher：瑞士足协
- Florence Etourneau：法国足协
- Frank Van Hattum：新西兰足协
- Ian Kemble：牙买加足协
- Jo Setright：澳大利亚足协
- Joko Driyono：印度尼西亚足协、印度尼西亚职业联赛
- Jonathan Hall：英格兰足协
- Jürgen Paepke：德国职业足球联盟
- Kengo Arima：日本足协
- Łukasz Wachowski：波兰足协
- Mark Aspden：新西兰足协
- Markus Stenger：德国足协
- Niccolò Donna：意大利足协
- Nils Fisketjønn：挪威足协
- Primo Corvaro：国际足联
- Raymond Grant：牙买加足协

- Ridzal Saat：新加坡足协／新加坡足球职业联赛
- Robert Pongracz：西班牙职业足球联盟
- Victoriano Melero：法国足协
- Viktor Derdo：乌克兰足协

国际体育研究中心

读者请注意：《世界各国足球协会与职业联赛治理模式研究报告》及《世界各国足球联赛与俱乐部治理模式研究报告》这两份报告的中文版分别是在英文原版出版后 1 年和 3 年才出版发行的，因此中文版里面的部分研究结果没有实时更新。国际体育研究中心正在与国际足联联合就治理问题开展全球性基准研究，并将在今后发布年度报告，以跟踪这两份研究报告中讨论的一些重要主题并更新内容。

序 一

詹姆斯·约翰逊　国际足联职业足球部主任

国际足联在 2016 年启动改革进程之后，更加注重与包括俱乐部、联赛和球员在内的利益相关方的互动。在我们努力改善与所有利益相关者关系的同时，国际足联对研究利益相关方群体的现状展现了浓厚的兴趣，努力为职业足球界提供关于相关主题的各种关键数据和资料。

这几份报告立项的初衷源于希望更好地了解全球足球界中关键利益相关方之间的治理关系。随着职业足球产业化的日益发展，我们非常需要研究和了解哪些治理模式在世界上不同地区运作良好。通过这项研究，我们能够确定和推广最佳做法，这不仅有利于职业足球，也有利于足球界所有的利益相关者。我们确信这几份报告将有利于职业足球的全球化发展。

序 二

张剑　　中国足协常务副主席兼秘书长
国际足联理事会理事

足球作为第一运动，其在各个国家、地区以及全球范围内的治理模式也备受关注。特别是足球发展到今天，已经形成了民间组织、政府、企业、社会中介、各类足球从业者以及参与者群体等组成的庞大产业，其规模一骑绝尘，利益错综复杂，并处于令人惊异的变化中。这带给足球参与者、管理者的问题就是如何实现好的治理及自我管理，目标则是实现秩序的稳定、利益的平衡、发展的强劲和可持续。

职业足球是产业与运动项目的完美结合，其发展与治理的水平很大程度上取决于所处环境—市场发育程度、社会治理水平、大众生活方式和足球文化背景，等等。因此，经济、文化、法律乃至社会、政治结构，都是影响和决定职业体育发展的要素，也决定着足球、职业足球的治理结构。

一个值得关注的话题就是：各国对于职业体育的管理，有什么异同？各自的成因又是什么？人们更多注意到几个处于全球领先的联赛，它们大多集中在欧洲，一般认为它们代表着某种方向。在很大程度上，的确是这样。但我们也注意到，全球的模式其实五花八门，即使在欧洲，即使是顶级联赛，治理模式也不尽相同。

相信很多地区，特别是处于成长和变革中的足球地区，对这一问题更感兴趣，这其中当然就包括中国。众所周知，中国近年来制定了一系列政策，启动了全面而深刻的足球改革，提出了宏大目标和具体措施，并着眼于构建符合足球规律、适应中国国情的管理体制和治理模式。足球协会的改革、职业联赛的治理、俱乐部的建设，以及彼此的关联，都是改革中的重要课题。中国足球前景令人鼓舞，但走对路、做对事并非易事，汲取教训、认识规律往往知易行难。在革故鼎新的过程中，学习和借鉴必不可少。

在这样的背景下，这几部报告的出版可谓正当其时。祝贺并感谢国际足联及其委托的国际体育研究中心，还有詹姆斯·约翰逊（James Johnson）先生和他的团队、作者富有成效的组织研究、撰写工作。这几部报告完成初期，我有幸先睹为快，当即如获至宝，对正在进行的改革研究工作助力不小。同时我也觉得应当让更多人分享报告，以启发思考，推动共识。所以，要感谢译者刘驰律师以极高的效率完成了这样一项有意义的工作，这得益于他对体育法律与治理实践的专注与执着。

希望本书对国内足球管理者、研究者有所启发，对探索前行的中国足球改革、对中国足球新型治理体系的构建有所帮助，也期待这几部报告的组织者、撰写者进一步的研究成果。

序 三

凯文·塔利克·马斯顿　国际体育研究中心研究员

我们很有幸看到《世界各国足球协会与职业联赛治理模式研究报告》中文版本的出版。原书出版于 2014 年，在此期间发生了一些小的变化（例如一些联赛的地位发生了改变，从足协中独立出来），但该书依然能够为读者呈现关于足协—联赛关系的全貌。本研究报告的核心就是阐述和分析世界范围之内治理模式的变化。除此之外，还研究了足协的决策程序。本报告的研究范围涵盖了横跨六大洲足联的 32 个国家足协。对于像中国这样的足球运动快速发展的国家来说，研究其他国家的治理模式大有裨益。

最后，足协和联赛之间的关系非常复杂，其中的每个利益相关者都需要其他人的支持，但同时又不想其他人过多地干涉自己组织的治理。特别是在中国这样一个联赛快速成长的国家，足协和联赛关系的问题至关重要。足协—联赛关系带出了诸如收入分配、代表权和政治权利等重要的治理问题。我们希望这本书能够帮助中国足球的领导层了解世界各国实践，从而促进中国足球的发展。

译者序

刘 驰　亚足联准入审核委员会主任

国际体育仲裁院仲裁员

第一次知道这份报告是因为国际足联职业足球部主任詹姆斯·约翰逊（James Johnson）的推荐。读完之后感觉这是一本从独特视角研究足球发展规律的工具书，翻译成中文可以为中国的足球改革提供一本理论和实践相结合、方法论和大数据相结合的指南。但如果读者仅仅把这本书当成足球专业书就严重低估了它的价值。该书所讨论的治理框架和体系对于整个中国体育产业改革都有借鉴意义，如果在阅读时脱离足球，灵活运用其中的评价体系来判断利益相关方的博弈，还有助于帮助各行各业的管理者兼足球迷和体育迷们，在事业和生活方面提升自我管理和保护能力。

正如书中所言，目前各界对于"治理"并无统一的定义。欧盟委员会曾经解释道："治理就是一个体育组织设定政策，制定战略目标，与利益相关方互动，监测执行，评估并管理风险，并向其成员报告活动和进展，包括颁布有效、可持续发展和适当规章制度的体系和文化。"（"Governance is the framework and culture within which a sports body sets policy, delivers its strategic objectives, engages with stakeholders, monitors performance, evaluates and manages risk and reports to its constituents on its activities and progress including the delivery of effective, sustainable and proportionate sports policy and regulations."）这是充满抽象概念的一段话，想要表达的意思是治理既是有形的制度，也是无形的文化；既是静态的体系，也是动态的运用；既是某一件事的处理方式，也是所有事情的处理原则。翻译成大白话就是治理和治理结构是"人财物，责权利"的互动和博弈，因此既要对决策机制做定性分析，也要对相关方利益做定量分析。这本书在完善足球法律制度、充实法律文件，保证决策过程有法可依、程序公正，利益相关方互相牵制和监督等方面做出了清晰的描述，对中国足球改革有极大的指导作用。

与其他讨论足球的书不一样，这本书并没有对任何国家的足球治理体系进行优劣评价，而只是说明了各个国家的足球发展都有其特点，无论这些特点是典型的还是例外的。因而无论是足协、联赛还是俱乐部都可以自由选择书中列举的某些国际惯例，或者是某些国际特例，来制订最符合自己情况的足球治理和发展战略。

从定量方面看，足球是世界第一大运动，只有国际足联才有无可比拟的全球影响力去要求和说服世界上四十多个国家的足球协会、职业联赛以及上百个世界各地的俱乐部，特别是那些欧洲豪门俱乐部，配合国际足联的智库——国际体育研究中心——进行这样的研究和调查。在世界职业体育领域，这是没有任何其他组织和个人可能做到的。数据的质量决定了这本书的权威性。

就像书中所提到的那样，过往关于治理模式的书籍主要集中在欧足联下属的联赛和俱乐部，没有世界范围内的数据。而这本书的作者从足球发展水平各不相同的国家所搜集到的大量统计数据，从某种程度上来说相比于欧足联数据对中国的足球改革更具有借鉴意义，因为这些数据可以帮助中国足球改革决策者定位什么是主流、边缘和例外的做法。数据的数量决定了每个决策者和读者都能找到对自己有用的内容。

从定性方面看，在科技如此发达的今天，场上球员表现已经可以用各种图像和数据加以分析，但是高科技至今仍然不能描绘场下利益相关方的决策过程。这本书的价值就在于它像 X 光机、心电图、B 超以及验血仪器那样，通过建立起一系列的坐标系和数据统计及分析框架体系，用图表和数据形象而清晰地介绍了世界各国足协、联赛、俱乐部和球员等利益相关方之间的博弈。这就使得足球决策者和读者可以把所要解决的治理问题首先定性和定位在坐标系上，然后在数据体系上加以量化，展示出问题的来龙去脉，并为解决问题提供线索和思路。定位了问题不代表解决了问题，因为解决问题需要各利益相关方相互妥协，而有时多赢方案并不是某些特定群体所期望的目标。尽管如此，时代的进步可以解决很多问题，中超联赛在世界排名中的快速提升就是一个最好的例子。

从治理的角度看，我认为中国足球的改革和发展就是改革原有决策机制，发展未来纠错机制。按照这本书的体系，决策者和读者可以首先把中国足球治理的各个环节拆分定位到这个全球治理体系上，确定主流、边缘和例外，然后制作方案和步骤，通过改进决策机制、执行机制以及纠错机制来制度化地推动中国足球治理。

在译文校对、内文表格整理和图书出版过程中，天津人民出版社的编辑韩贵骐、霍小青，北京外国语大学国际关系学院教师屠希亮（亚足联比赛监督），欧迅体育刘宁先生（国际体育研究中心 FIFA Master 项目毕业生），李明天律师，侯玉洁律师，吴艳律师，张兵律师，伊强律师，法学院研究生 / 实习生罗姐、李兰菲、李杰、杨健恒等为本书的出版付出了辛勤的劳动，在此特别鸣谢。

目录
CONTENTS

定 义

冠军赛或赛事：来自同一国之内的球队参加的年度足球赛事。例如，法国足球甲级联赛是法国的顶级联赛或者第一锦标赛。

当然成员：一个人通过在另一个机构中担任职务，而成为一机构的成员（会员大会、执行委员会等）。例如，常见的是，联赛主席是足协执行委员会的当然成员。

联赛：运行一个或几个冠军赛/赛事的组织。例如，瑞士足球联盟在瑞士运营两项顶级冠军赛——超级联赛和挑战联赛。

青年足球：对参赛选手有年龄限制的比赛（通常最高20岁）。

引 言

　　本报告是基于作者为国际足联做的一项研究调查整理而成。在当今的足球世界，国家足协和职业联赛的关系至关重要。这涉及收入分配，投票权和代理权以及政治权利等核心的治理结构问题。最终这些关系如何得到妥善处理，将从根本上影响足球在全世界的发展。这份报告的目的就是讨论所有各大洲足联的会员所面临的一些不同的社区治理方面的问题。对于那些有志于发展的体育运动协会和联赛来说，这份报告为它们提供了非常有价值的，其他国家足球协会和联赛如何管理相互间的关系及治理模式方面的经验。本报告旨在探索世界范围内协调国家足球协会和职业联赛之间关系的各种模式。报告分为以下4个部分：

- 足协和职业联赛之间的关系
- 职业联赛在足协组织内部的代表
- 职业联赛、足协及其他利益相关方之间的分工
- 职业联赛的内部管理

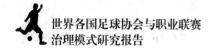
每部分用若干小章节来介绍所涉问题目前的现状，并通过
图表和案例，让读者对世界范围内各种模式的管理机制和策略
有一个清楚的认识。

本次调查覆盖了每个洲际足联下属的所有地区，选取并研
究了代表足球不同发展水平的 32 个国际足联的会员协会：

表 1　　　　　　参与研究的会员协会

欧足联	非足联	亚足联	中北美及加勒比海足联	南美足联	大洋洲足联
英格兰	突尼斯	日本	墨西哥	巴西	新西兰
西班牙	科特迪瓦	印度	美国	智利	巴布亚新几内亚
意大利	佛得角	印度尼西亚	牙买加	委内瑞拉	
德国	塞内加尔	新加坡	洪都拉斯		
法国	喀麦隆	澳大利亚			
瑞士	肯尼亚	卡塔尔			
挪威	南非				
波兰	赞比亚				
乌克兰					

（译者注：**本报告中，"协会" "会员协会"与"足协"通用**）

一般而言，每个国家的足球管理结构通常呈金字塔形。顶
级职业联赛是国家级别层面上的较量，而较低水平的队伍通常
在地区足协管理的联赛中一决雌雄。水平越低的比赛，参赛的
队伍往往越多。本报告分析的对象主要是国家足协管理的所有
职业联赛。如西班牙的两个顶级冠军赛（西甲联赛和西乙联赛）
都是国家级赛事，由同一个组织即西班牙职业联赛管理（详见
之后章节）。两个水平较低的冠军赛，即西乙 B 组职业联赛

和西丙职业联赛，虽被划分为地区级赛事，但因其仍由国家级的全国职业足球联赛管理，故也包含在本次研究的范围内（见图 1）总而言之，"赛事""冠军赛"在这里指的是赛事本身，"联赛"指的是运营一个或多个冠军赛或赛事的组织。

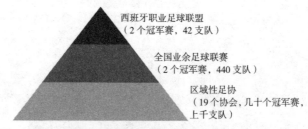

西班牙职业足球联盟
（2 个冠军赛，42 支队）

全国业余足球联赛
（2 个冠军赛，440 支队）

区域性足协
（19 个协会，几十个冠军赛，上千支队）

图 1　西班牙足球金字塔形模式

该项目的研究方法包括从文献中收集信息（如国际足联《市场调查》，欧足联《职业联赛调查》，《欧洲职业足球联赛报告》，《结构与治理季报》科学文献等），查阅官方文献（足协和职业联赛条例和规章）和搜集网络资源（足协和职业联赛的官网等）。这些信息又通过邮件询问和电话专访的方式进行了个案补充。

我们想向所有参与到本次研究中并提供有益帮助的所有人表示衷心的感谢。我们还要向代表国际足联管理本次研究的詹姆斯·约翰逊先生表示感谢，他丰富的知识和人脉也是完成本次研究的关键。

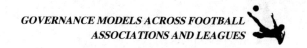
第一章　足协与联赛的结构模式、法律形式和协议

本章研究足协和国家级职业联赛及其辖区内举行的赛事之间的关系。本章分为两部分。第一部分探讨职业联赛的模式结构，包括分析职业联赛的法律形式，职业联赛组织中足协的影响程度，以及职业联赛与足协之间的财务关系。这非常有利于了解每个职业联赛的自治程度，特别是管理和行政等问题。对于这些相关领域的分析在整个报告中都会涉及。第二部分则是讨论管理职业联赛和足协关系的文件的性质，并涉及关于足协和职业联赛之间现有协议的更多信息。

下表列举了参与调研的职业联赛的相关信息：名称、地位（业余/职业）、赛事级别数量和冠军赛的名称。读者可能注意到，因为球员和官员会收到某些形式的报酬，一些联赛实际上是半职业的联赛。为了达到本次研究的目的，我们将"职业"定义为俱乐部的地位是机构，而不是一些球员为半职业的，甚至完全依靠足球而生。

表 2　　　　　　　　　职业联赛和冠军赛的基本信息

足协	结构	职业联赛与否	级别	赛事名称
西班牙	西班牙国家职业足球联赛	是	2	甲级联赛；乙级联赛
	西班牙国家业余足球联赛	否	其他	其他
意大利	甲级国家职业联赛	是	1	甲级联赛
	乙级国家职业联赛	是	1	乙级联赛
	职业联赛	是	2	一级；二级
	全国业余联赛	否	其他	其他
法国	职业足球联赛	是	2	甲级联赛；乙级联赛
	业余足球联赛	否	3	全国；第一业余联赛；第二业余联赛
德国	德国足球联赛协会 / 德甲	是	2	甲级联赛；乙级联赛
	丙级联赛	是	1	丙级联赛
英格兰	英超联赛	是	1	超级联赛
	英格兰足球联赛	是	3	英超联赛；英甲；英乙
	足协联赛	半职业	2	全国足协联赛；南 / 北部联赛
瑞士	瑞士足球联赛	是	2	超级联赛；挑战联赛
	第一联赛	否	2	晋级联赛；经典联赛
	业余足球联赛	否		跨区域联赛
波兰	波兰足球顶级联赛	是	1	波兰足球顶级联赛
	波兰足球协会	是	2	第一联赛；第二联赛
乌克兰	乌克兰超级联赛	是	1	超级联赛
	乌克兰职业足球联赛	是	2	乌克兰第一联赛；乌克兰第二联赛
挪威	挪威足球联赛	是	2	顶级联赛；第一联赛
	挪威联赛	半职业	1	第二联赛
突尼斯	国家职业足球联赛	是	2	第一联赛；第二联赛
	国家业余足球联赛	否	3	第三联赛
科特迪瓦	职业联赛	是	2	第一联赛；第二联赛
	业余联赛	否	2	第三联赛；区域冠军赛
佛得角	全国冠军赛	是	1	全国冠军赛
南非	国家足球联赛	是	2	超级联赛；第一联赛
	南非足协第二联赛	否	1	南非足协第二联赛
	南非足协区域联赛	否	2	南非足协区级联赛
赞比亚	超级联赛	是	1	超级联赛
	第一职业联赛	否	1	第一职业联赛北区 / 南区

续 表

足协	结构	职业联赛与否	级别	赛事名称
塞内加尔	塞内加尔国家职业联赛	是	2	第一联赛；第二联赛
	塞内加尔国家业余足球联赛	否	2	第一联赛；第二联赛
喀麦隆	喀麦隆职业足球联赛	是	2	第一精英赛；第二精英赛
肯尼亚	肯尼亚超级联赛	是	1	肯尼亚超级联赛
	肯尼亚足协第一联赛	否	1	第一职业联赛
印度	印度职业联赛	是	2	第一联赛；第二联赛
印度尼西亚	印度尼西亚超级职业联赛	是	2	超级职业联赛；甲级职业联赛
	印度尼西亚职业联赛	否	其他	其他
新加坡	新加坡职业联赛	是	1	新加坡职业联赛
	国家足球职业联赛	否	其他	其他
日本	日本联赛	是	1	日本第一联赛；日本第二联赛
	日本足球联赛	否	1	日本足球联赛
澳大利亚	澳大利亚联赛	是	1	澳大利亚联赛
卡塔尔	卡塔尔星级足球联赛	是	1	卡塔尔星级足球联赛
	第二联赛	是	1	第二足球联赛
墨西哥	墨西哥联赛	是	1	墨西哥联赛
	墨西哥晋级赛	是	1	墨西哥晋级赛
	第二联赛	是	2	顶级联赛；新秀联赛
	第三联赛	是	1	第三联赛
美国	美国职业足球大联盟	是	1	美国职业足球大联盟
	北美足球联盟	是	1	北美足球联盟
	美国联合足球联盟	是	1	联合足球联赛
	美国成人足球协会	否	其他	>100
洪都拉斯	洪都拉斯国家职业足球联赛	是	1	第一联赛
	全国晋级联赛	是	1	全国晋级联赛
牙买加	牙买加足球职业联赛	半	1	国家超级联赛
巴西	巴西冠军赛	是	4	A级；B级；C级；D级
智利	国家足球职业联赛	是	3	全国冠军赛；一级；二级
	国家业余足球联赛	否	其他	其他
委内瑞拉	委内瑞拉足球职业联赛	兼有	4	一级；二级
新西兰	国家联赛	否	1	超级联赛
巴布亚新几内亚	国家足球联赛	半职业	1	国家足球联赛
	俱乐部联赛	否	1	俱乐部联赛

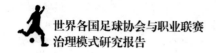
1. 职业联赛模式结构

在本报告中，模式结构的概念指的是职业联赛的法律形式、足协在职业联赛管理方面的参与程度，以及职业联赛与足协之间的财务关系的性质。从这个角度分析，我们可以看到两种有着不同变量的模式（如图 2）。

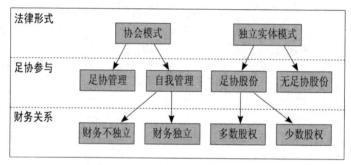

图 2　职业联赛模式结构

1.1 法律形式

每个国家都有自己的法律体系，因此也会产生不同的法律形式。但就足球联赛的法律形式是都比较相似的。

总体上来说，世界各国的职业足球联赛可以分成两种类型：协会模式和独立实体模式。

在协会模式中，职业联赛具有同它们所属的国家足球协会相同的法律形式。在法律上，协会是指一群具有共同目标的人（例如足球俱乐部）或者其他实体的集合。就职业足球联赛或者足协而言，协会通常有会员资格、成文规则和规章，以及所有具备资格的会员都能够参加和投票的年度会员大会。[1]

协会也能归属于其他协会。在这种情况下，附属的协会必须遵守其归属的上级协会的规章。另外，在足球运动中，大多数的机构都是非盈利性组织。这并不意味着它们没有经济活动，而是它们必须把所得盈利重新投入协会中以确保协会的正常运转。

举一个具体的例子，瑞士职业足球联盟是一个包括20个顶级足球俱乐部（10个超级职业联赛俱乐部和10个甲级职业联赛俱乐部）的协会。这些俱乐部是瑞士职业足球联盟的成员，因此他们必须遵守瑞士职业足球联盟的规章。在更高一级，瑞士职业足球联盟归瑞士足协管理，因此必须遵守瑞士足协相应的规章。瑞士足球职业联盟已是一个完全成熟的协会，但是仍必须遵守瑞士足协的规则和决定。

第二类即独立实体模式，指的是拥有独立所有权结构的商业公司制的职业联赛。决策权力属于股东。因此在这种模式下，足协通常更少介入职业联赛的运营。大多数情况下，俱乐部是

1　大多数足协都是协会的法律形式，然而，有些足协（像英格兰足协和澳大利亚足协）采取的是有限公司的法律形式。

职业联赛的主要股东。当然足协也能成为股东之一，哪怕不是唯一的股东。这样足协就可以在联赛决策过程中保持强势。

除所有权结构以外，独立实体模式下的职业联赛和足协仍然保持着紧密的关系，例如一些特定权力通常由足协行使，比如指定裁判员、纪律处罚和比赛规则制定等。

在独立实体模式中，联赛可以有不同的法律形式，所采取的形式取决于它们的商业活动和所在国家的法律体系。尽管如此，大多数由股东运营的职业联赛都采用有限责任公司形式。这些公司通常只有特定的主体（例如参加职业联赛的俱乐部）可以持有股份。

表3　　　　　接受采访的联赛的法律形式

协会模式		独立实体模式	
西班牙	国家足球职业联赛和国家业余足球联赛	英格兰	超级联赛、足球联赛和足球大会联赛
意大利	甲级国家职业联赛、乙级国家职业联赛、全国专业和业余联赛	波兰	波兰甲级联赛
法国	职业足球联赛和业余足球联赛	南非	国家足球联赛
德国	德国足球联赛协会和第三联赛	肯尼亚	肯尼亚超级联赛
瑞士	瑞士足球联赛、一级 & 业余足球联赛	印度尼西亚	印度尼西亚超级联赛
波兰	波兰足球协会联赛	美国	美国职业足球大联盟、北美足球联盟、美国联合足球联盟、美国成人足球协会
乌克兰	乌克兰超级联赛和乌克兰职业足球联赛	牙买加	牙买加职业足球协会
挪威	挪威足球联赛和挪威联赛		

续表

协会模式	
突尼斯	国家职业足球联赛和国家业余足球联赛
科特迪瓦	职业联赛和业余联赛
佛得角	全国冠军赛
南非	南非足协二级联赛 & 南非足协区域联赛
赞比亚	超级联赛和第一联赛
塞内加尔	塞内加尔职业足球联赛和业余足球联赛
喀麦隆	喀麦隆职业足球联赛
肯尼亚	肯尼亚甲级联赛
印度	印度联赛
印度尼西亚	印度尼西亚联赛
新加坡	新加坡联赛和国家足球联赛
日本	日本联赛和日本足球联赛
澳大利亚	澳大利亚联赛
卡塔尔	卡塔尔星级足球联赛和第二足球联赛
墨西哥	墨西哥职业联赛、墨西哥晋级赛、第二 & 第三职业联赛
洪都拉斯	国家职业足球联赛和国家业余足球联赛
巴西	巴西冠军赛
智利	国家职业足球联赛和国家业余足球联赛
委内瑞拉	委内瑞拉国家足球联赛
新西兰	国家联赛
巴布亚新几内亚	国家足球联赛和俱乐部联赛

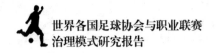
1.2 足协介入程度及联赛与足协的财务关系

确定职业联赛模型结构的第二个关键标准就是看足协介入俱乐部运营管理的程度。在协会模式中，有两个主要的特征：

● 足协管理的协会模式是指职业联赛完全由足协的主管部门来管理，没有自己的规章制度，没有特定的理事会或执行委员会来管理，且通常没有特定的行政管理部门。在这种情况下，职业联赛不是一个特征明显的法律实体，没有特定的规章，其管理由一个常设委员会（通常叫"竞赛委员会""职业联赛委员会"或"职业足球委员会"等）来负责或者由一个在足协组织机构内部的"办公室"来负责，这些机构往往没有单独的行政授权。

以赞比亚为例，赞比亚足协的"超级职业联赛组委会"负责组织超级职业联赛，该职业联赛在赞比亚规章中被规定为顶级职业联赛。

在科特迪瓦，科特迪瓦足协中的一个"办公室"（"职业联赛办公室"）被指定组织该国足协下的几个职业联赛，办公室的成员由足协执行委员会任命。作为足协不可分割的一部分，这个职业联赛办公室没有任何法律人格，也没有它自己的规章。然而，与足协管理协会模式中的其他国家的职业联赛不同，它有自己的行政管理部门。

本报告主要研究男足的顶级赛事，因为在被调研的国家中，所有的女子顶级足球联赛采用的都是足协管理的协会模式。美国女子足球的管理是一个特例。该国的顶级女子足球联盟——全国女子足球联赛，由美国足协来管理，却由 3 个足协提供资金：墨西哥足协、美国足协以及加拿大足协。另一方面，美国女子足球较低级别的联赛（W 联赛、女子超级联赛、USASA 女子足球联赛）采用的却是独立实体模式职业联赛。

● 自我管理的协会模式是指足协将对职业联赛的管理委托给一个下属协会。这个协会有自己的决策部门（理事会 / 执行委员会）、规章制度和行政管理部门。根据职业联赛相对于所属足协的财物独立程度，自我管理的协会模式可以被进一步分为两类：

■ 如果足协将对职业联赛的管理和经营委托给一个下属协会，但仍为其提供绝大多数的资金支持以供其组织比赛甚至其所谓的自我管理，那么这类职业联赛仍然属于在财务上依赖于足协的联赛。这种情况可以由以下事实来解释，即在一些国家，职业联赛收入并不足以支撑职业联赛来举办比赛。

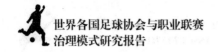
在这种情况下，职业联赛就要依赖由足协提供的补贴来维持运转。

例如，喀麦隆足球职业联赛是自我管理的，并且有自己的规章制度。然而职业联赛在财务上依赖于喀麦隆足协提供的支持，因此该职业联赛仍然在财务上依附于足协。在这种情况下，职业联赛规章中所谓的财务自主权其实可能更多的是意味着足协会代替联盟来决定职业联赛的预算。职业联赛拥有在其规章中所提到的财务自主权，而非财务独立。

■ 当被足协授权的职业联赛不仅有自己的规章制度、行政管理机构，而且也有能力产生足够多的收入时，这样的协会模式的职业联赛就属于能自我管理和财务独立的职业联赛了。这里介绍的职业联赛仍然附属于足协——因此完全服从于足协的规章、规则和决定——但并不依靠足协的补贴来支持它运作和组织比赛。职业联赛有能力从独立于足协的来源中，特别是从赞助和转播权中取得足够多的创收。

例如在法国，法国足协授权法国足球职业联赛全面管理职业联赛（法甲联赛和法乙联赛）。然而，作为一个附属的实体，在法国足协和法国职业足球联赛的规章中，法国职业足球联赛仍处于法国足协的监管之下。

表 4　　　　　　　　协会模式——职业联赛分类

协会模式					
足协管理		自管			
		财政不独立		财政独立	
西班牙	全国足球业余联赛				
法国	业余足球联赛	塞内加尔	塞内加尔职业足球联赛	西班牙	国家职业足球联赛
德国	第三联赛	喀麦隆	喀麦隆职业足球联赛	意大利	甲级国家职业联赛、乙级国家职业联赛和全国职业＆业余联赛
波兰	波兰足球协会联赛	墨西哥	第二＆第三联赛	法国	职业足球联赛
挪威	挪威足球联赛（挪超、挪甲）和挪威联赛			德国	德国足球联赛
突尼斯	全国足球职业联赛和全国业余足球联赛			瑞士	瑞士足球联赛、第一级＆业余联赛
科特迪瓦	职业联赛和业余联赛			乌克兰	乌克兰超级职业联赛和乌克兰职业足球联赛
佛得角	全国冠军赛			日本	日本联赛和日本足球联赛
南非	第二联赛＆区域联赛			卡塔尔	卡塔尔星级足球联赛
赞比亚	超级联赛和第一联赛			洪都拉斯	全国职业足球联赛和全国晋级联赛
塞内加尔	塞内加尔业余足球联赛			墨西哥	墨西哥联赛和墨西哥晋级赛
肯尼亚	肯尼亚足协甲级联赛			智利	国家职业足球联赛和国家足球协会
印度	印度联赛				
印度尼西亚	印度尼西亚联赛				
新加坡	新加坡联赛和国家足球联赛				
澳大利亚	澳大利亚联赛				
卡塔尔	第二联赛				
巴西	巴西冠军赛				
委内瑞拉	委内瑞拉足球协会				
新西兰	国家职业联赛				
巴布亚新几内亚	国家足球联赛和俱乐部联赛				

1.3 独立实体模式：足协的参与程度及与国家足协的财务关系

在独立实体模式中，足协介入职业联赛管理的两个主要特点值得强调：

（1）足协持股的独立实体模式

● 正如先前所解释的那样，在独立实体模式中，管理职业联赛的公司可部分为足协所拥有，即足协参股的独立实体模式。足协根据所持股份的百分比，而拥有对于职业联赛管理或多或少的决策权。这可能有两种情况：

■ 多数股权：足协拥有职业联赛多数股权。在这种情况下，足协对于职业联赛运营享有较强的决策权。

例如在牙买加，牙买加职业足球协会是一个由牙买加足协和超级职业联赛俱乐部协会共同拥有的合资公司。牙买加足协拥有 51% 的股份而超级联赛俱乐部协会拥有剩余的 49%。[1]

■ 少数股权：足协拥有少数的职业联赛股权。在这种情况下，足协在职业联赛管理中并没有很强的决策权。但通过这些股份，足协也可以获得部分权利，如知情权和咨询权、对特定事项的决定权甚至是否决权。

1　2013 年 12 月 13 日采访牙买加足协秘书长 Raymond Grant。

比如在英格兰，英超职业联赛是一个股份有限公司。英格兰足协只拥有英超职业联赛 1% 的股份，而其他的股份则被分配在 20 个英超俱乐部中。作为"特殊股份"，这 1% 的股份是专为足协发行的。通过这个"特殊股份"，足协"得以行使对特定事项的投票权，但不能参与英超职业联赛的日常运作"。[1] 而且，就是这 1% 的股份让足协享有了作为股东才能享有的咨询权和知情权。足协和英超在某些事项上进行合作，正如英超联赛指南上所提到的比赛规则制定、裁判、青少年发展等事项。[2]

同样的情况也存在于印度尼西亚和波兰。在印度尼西亚，超级职业联赛俱乐部拥有印尼职业联赛运营公司 99% 的股份，而印度尼西亚足协拥有剩下的 1%。[3] 在波兰，每个甲级俱乐部拥有职业联赛股份公司 5.8% 的股份（波兰有 16 个甲级俱乐部，这些俱乐部一共持有了 92.8% 的股份），而波兰足协拥有剩下的 7.2%。[4]

（2）无足协持股的独立实体模式

---

1 http://www.premierleague.com/content/premierleague/en-gb/about/formal- relations. html, 最后访问于 2013 年 8 月 9 日。

2 http://www.premierleague.com/content/dam/preimerleague/site-content/News/ publications/handbooks/premier-league-handbook-2012-2013.pdf ，最后访问于 2014 年 6 月 18 日。

3 2013 年 10 月 10 日，采访印尼足协秘书长 Joko Driyono。

4 2013 年 10 月 22 日与波兰足协国内赛事部主任 Łukasz Wachowski 进行邮件交流。

● 独立实体模式的第二种类型，足协不持有职业联赛运营公司的股份。在这种类型中，足协通常无权过问职业联赛的任何管理事项。然而，职业联赛管理公司和足协往往会签署一些协议，涉及如处罚程序、比赛规则或财务事项（收益分配——电视转播权）来相互配合。

例如，英格兰足协在足球职业联赛和足球联盟中并不拥有任何股份。然而，由于英格兰足协从国家层面来管理足球，因此这两个联赛的规章制度必须经过英格兰足协批准。[1]

表 5　　　　　　独立实体——职业联赛分类

独立实体模式					
足协有股份				足协无股份	
多数股权		少数股权		英格兰	足球职业联赛和足球协会联赛
牙买加	牙买加职业足球协会	波兰	波兰顶级职业联赛	南非	国家足球职业联赛
		英格兰	超级职业联赛	美国	美国职业足球大联盟、北美足球联盟、美国足球联盟、美国足球联赛
		肯尼亚	肯尼亚超级联赛		
		印度尼西亚	印度尼西亚超级联赛		

1　2013 年 10 月 16 日，采访英国足协足球服务部主任 Jonathan Hall。

1.4 观察

以上分析显示，绝大多数的职业联赛与其足协保持着密切联系。事实上，大部分接受调查的职业联赛都是协会模式。超过 53 个的职业联赛属于这种模式，只有 12 个职业联赛是独立实体模式。在协会模式中，许多职业联赛完全由足协管理（53个中有 28 个）。这个调查表明了在许多国家，足协仍然对职业联赛拥有很强的控制权。

属于自我管理的协会模式的职业联赛也很多，一共有 25个，其中有 21 个属于财务独立的联赛。我们的分析清楚地显示，自我管理的能力与创造足够的收入来独立维持运行比赛之间有直接的关联性。

在这个总体框架中，一些足球发达国家的政府对于全国性体育运动的高度干预导致其职业联赛不能完全独立于足协。例如，在西欧国家中，法国在体育方面是最奉行干预主义的。从 1901 年第一部涉及体育运动的法律开始，法国法律法规就明确了足球管理的许多方面，例如球场安全、对职业俱乐部的财务管控、打击兴奋剂和球迷暴力等。例如，职业足球管理机构——法国职业足球联赛（LFP）——也在国家管理之下，鉴于法国职业足球联赛管理机构的组成和职责，必须经过法国体育部批准(见《法国足球协会与法国职业足球联赛的公约》)。

在检视之前章节中提到的要素时,我们可以发现不同模式的历史分布规律。在足球已经是一项成熟运动的国家——主要是欧洲以及一些拉丁美洲国家(如智利、墨西哥、洪都拉斯),顶尖水平的职业联赛往往是,至少部分是由一个在足协管辖之外的实体来管理(自管且财务独立的协会模式或独立实体模式)。

相反,在足球运动处于发展阶段的国家,以亚洲和大洋洲为例,职业联赛通常更紧密地依附于足协(足协管理或自管但财务不独立的联赛)。值得一提的是,在那些足球运动发展成熟的国家中低等级的职业联赛,也趋向于采用后面这两个模式(如德国的丙级联赛、西班牙职业足球联赛、法国的业余足球联赛等)。

1.5 关于联赛治理和财务的特殊案例

一般来说,在大部分传统足球国家,顶级联赛和足协拥有单独的管理和行政机构,而次级联赛则由足协管理,足球发展中国家的职业联赛通常也是由足协管理。当然,也有一些例外,只是这里的例外,大部分情况下都是由历史原因造成。这部分详细讲述了美国、新西兰、挪威的联赛治理和财务的案例。

举例来说，在美国，足球在近些年来取得成功，美国职业足球大联盟（简称美职联）采用的是美国其他主要运动联盟（美式足球、棒球、篮球和冰球）的特许制度。美职联诞生于 1996 年，是在美国需要主办 1994 年世界杯的大时代背景下而设立的。美职联以有限责任公司的形式建立。用法律术语来讲，美职联是一个混合型"单一实体"公司，意味着联盟及旗下的球队构成了一个独特的实体。也就是说，大联盟及其运营方 / 投资者构成了既有单一公司，又有竞争球队之间合作的一个混合型组合安排。[1] 意味着联盟及旗下的球队构成了一个独特的实体："在独立实体模式中，各支队伍没有所有者。投资人可能会被分配到某个专门的球队，但是联盟对球员流动、市场策略、电视合同和赞助拥有最终的决策权"。

在此情形下，联盟由两种类型的独立投资人所拥有：经营型投资人和非经营型投资人。经营型投资人是那些签署了运营协议，有权控制某个特定的美职联球队的投资人。同时，非经营型投资人向职业联赛投入资本，但是对任何球队都没有运营权。

---

1 Fraser v. Major League Soccer. http://caselaw.findlaw.com/us-1st-circuit/1441684.html，最后访问于 2014 年 6 月 18 日。

在实践中，联盟向所有的球队收取并再分配相同份额的收益和损失。

今天，这个制度已经有所变化，虽然一些收入和费用仍然集中在联盟层面，如全国范围赛事转播权，球员合同与工资，以及联盟的知识产权，但其他一些权利已经归属于经营型投资人，如指定球员[1]的工资，区域性赛事转播权，或体育场管理。到 2004 年为止，只有 3 家经营型投资人拥有所有的大联盟球队，但职业联赛现在鼓励每一个加盟球队拥有自己的老板；截至 2014 赛季，只有一个俱乐部由联赛控制（芝华士美国）。

在新西兰，新西兰足协管理自己的职业联赛（国家联赛）。参与的球队是特许加盟球队，这些球队必须申请准入、支付入会费并满足新西兰足协设定的标准。如同美职联，新西兰足协不采用升降级制度。国家联赛属于夏季比赛，也是新西兰足协管理的唯一的职业联赛。冬季职业联赛由地区足协管理。它们有自己的规则，但因其同样隶属于新西兰足协，故而必须满足新西兰足协的基本制度要求。[2]

在瑞士，所有职业联赛的财政均独立于足协。瑞士顶级足

1　指定球员是指基于工资帽工资的球员。美职联每支球队可以聘用 3 位指定球员。
2　2013 年 10 月 7 日采访新西兰足协主席 Frank Van Hattum。

球职业联赛有很多收入来源（电视转播权、赞助等）。而两个级别较低的职业联赛（甲级联赛和业余联赛）则主要由俱乐部准入资助。瑞士足协会用国家队活动所得的部分收入资助联赛的运营。此外，足协还会为职业联赛提供一些免费服务（如裁判和高级教练的培养等）。[1]

和瑞士一样，所有意大利职业联赛都是财务独立的。当然意大利足协会为一些职业联赛提供资助。例如意大利甲级职业联赛和乙级职业联赛都会获得一部分补助以支持其青年球员培训项目，意大利业余联赛的球员注册系统的管理也会得到各地区足协的经济资助。[2]

相较于其他受访国家，挪威有自己独特的管理机制。其职业联赛属于足协管理的协会模式。然而，前两个级别职业联赛的俱乐部（挪威足球职业联赛）由一个利益团体代表，也叫"挪威职业足球联赛"。这个机构被足协认可，但不隶属于足协，而是充当俱乐部和足协之间的一个非正式的中间人，负责管理双方的日常合作、分享信息，以及分配来自媒体权利的收入（目前，俱乐部从电视转播权收益中取得 68%，足协获取 32%）。"挪

1　2013 年 9 月 26 日采访瑞士足协秘书长 Alex Miescher。
2　2013 年 9 月 24 日采访意大利足协发展部官员 Niccoló Donna。

威职业足球联赛"的董事会是由挪威足协的 3 个代表和俱乐部
的 3 个代表组成。董事会主席位置是双方轮值，由足协代表和
俱乐部代表每两年轮换担任主席。[1]

还有一些例子显示很多国家有其独特的方式来调整足协和
顶级职业联赛之间的关系。例如，卡塔尔星级联赛与其足协是分
别独立的实体，但两者都由同一个团队来管理。这与亚足联的分
值计算制度有一定的关系，这种分值计算制度，鼓励那些采用独
立实体模式的国家足协所属的俱乐部，参与到洲际比赛中。

在乌克兰，尽管乌克兰顶级职业联赛由乌克兰足协管辖，
但职业联赛的商业活动是由一个单独设立的公司来运营。这种
安排目的在于规避其国家法律中禁止体育协会盈利的规定。

在西班牙，西班牙足协同样设立了一个名为 SEFPSA 的公
司，除了直接由俱乐部自己谈判的电视权利以外，该公司对职
业联赛的财务、市场和商业活动进行管理。SEFPSA 由西班牙
足协全资拥有。[2]

在德国，职业联赛是由两个顶级职业联赛（德甲职业联赛
和德乙职业联赛）的 36 个俱乐部组成的一个协会，并拥有一

1　2013 年 9 月 24 日采访挪威足协赛事部主任 Nils Fisketjønn。
2　2013 年 10 月 24 日采访西班牙足协主席执行办公室主任 Robert Pongracz。

个叫作"德国足球联赛"的全资子公司。它是一个有限责任公司，主要负责"德国职业联赛的战略"，它也有自己的两个子公司，即 DFL 体育公司（负责比赛的商业方面）和 Sportcast（负责德甲职业联赛的信号制作和传输，及其他媒体发展事宜）。

所有这些例子表明，除了前面介绍的基本结构以外，职业联赛模式结构是非常多样化的，而且还不断地有更多创新性的结构被设计出来并加以实行。

2. 调整职业联赛和足协关系的文件

此处重点介绍调整职业联赛和足协关系的文件。在足协管理的协会模式中，不需要文件来确定职业联赛和足协的关系，因为职业联赛完全由足协管理，受足协规章的调整。相反，当职业联赛的管理机构不是足协的一部分时，两个组织都必须通过一个或几个文件来构建二者关系的框架。[1]

在多数例子中，两个组织的规章和制度都会规定二者的关系，如瑞士、墨西哥和洪都拉斯。然而除了在前面引用过的文件之外，有时还有一些特殊的协议调整这些关系。这主要出现

---

1 关于职业联赛法律形式和调整职业联赛和足协关系的规章文件的介绍，请见本书附录。

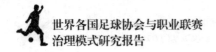
在职业联赛的管理机构是一个独立实体，或是一个自我管理且经济独立的协会时，如《德国足协联赛基本规章》是一个调整德国足球职业联赛协会和德国足协关系的文件。

另外，在一些国家，体育法也能够调整职业联赛和足协的关系，及其他体育运动的治理关系。

为了说明这一问题，我们举两个由自我管理，且经济独立的协会模式结构管理的职业联赛的例子：法国足球联赛和西班牙足球联赛（两者均为法国和西班牙的顶级职业联赛），它们都用多种文件来调整职业联赛和足协的关系。

首先，这两个国家都有国家层面的体育法来规定如何建立职业联赛，及职业联赛和足协之间的基本关系。其次，与多数国家一样，职业联赛和足协的规章制度描述了这两个实体之间的基本关系。最后，专门协议用来确定特殊关系和工作分工：《法国足球协会与法国职业足球联赛的公约》《西班牙足协—足联协调协议》——甚至包括财务安排——《法国足球协会和法国职业足球联赛经济协议》。

在意大利，职业联赛和意大利足协的关系，首先是由意大利奥林匹克委员会发布的"指南"调整。职业联赛的规章都必须遵守这些"指南"。事实上，职业联赛的规章必须经过足协执行委员会的批准，以判断它们是否与意大利奥林匹克委员会的指南及协会自己的规章相符。另外，意大利还有一部专门的国内法，调整由意大利甲级职业联赛所产生的电视转播权收益分配。该法明确规定了电视转播权收益总额的 10% 必须分配给低级别的职业联赛：意乙联赛、意丙联赛和意大利业余联赛。[1]

在印度尼西亚，印度尼西亚超级联赛涉及竞技方面的规章制度必须经过印度尼西亚足协的批准。然而，因为管理印度尼西亚超级联赛的印度尼西亚联赛公司是一个独立的实体，因此足协无权参与其对于职业联赛商业收入的管理。[2]

第一章的分析使我们认识到协会和联赛之间结构性和法律方面的关系。后面将探讨职业联赛和足协在实践中的互动。下一章将首先介绍职业联赛参与足协的决策过程的情况。剩下的章节将处理协会与联赛的分工以及联赛内部治理。

---

1 2013 年 9 月 24 日采访意大利足协发展部官员 Niccoló Donna。

2 2013 年 10 月 10 日采访印尼足协秘书长 Joko Driyono。

第二章　协会模式内的职业联赛

本章将分析足协框架内的职业联赛利益代表。分析足协框架内职业联赛的存在、利益代表和权力，对进一步理解这些机构之间的关系尤其重要。本章分析也涉及其他足球利益相关方的代表，如区域性足协和利益团体（裁判、教练、球员等）。

本章主要讨论职业联赛在足协会员大会、执行委员会和常设委员会中的利益代表。本章分为四节：职业联赛在足协的会员资格、足协会员大会和执行委员会中的利益相关方的权力均衡、足协主要常设委员会的组成。

从本章开始，我们将只研究经过挑选的足协管辖范围内的顶级职业联赛。

表 6　　　　　为进一步研究而选择的职业联赛

结构	足协	结构	足协
甲级联赛	西班牙	超级联赛	肯尼亚
甲级联赛	意大利	印度联赛	印度
甲级联赛	法国	印度尼西亚超级联赛	印度尼西亚

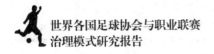

续 表

结构	足协	结构	足协
甲级联赛	德国	新加坡联赛	新加坡
超级联赛	英格兰	日本联赛	日本
瑞士足球联赛	瑞士	澳大利亚联赛	澳大利亚
波兰甲级联赛	波兰	卡塔尔星级足球联赛	卡塔尔
乌克兰超级联赛	乌克兰	墨西哥联赛	墨西哥
挪威足球联赛	挪威	美国职业足球大联盟	美国
国家职业足球联赛	突尼斯	全国职业联赛	洪都拉斯
职业职业联赛	科特迪瓦	牙买加职业足球协会	牙买加
全国冠军赛	佛得角	巴西冠军赛	巴西
全国足球联赛	南非	国家职业足球协会联赛	智利
超级联赛	赞比亚	甲级联赛	委内瑞拉
职业足球联赛	塞内加尔	全国联赛	新西兰
职业足球联赛	喀麦隆	全国足球联赛	巴布亚新几内亚

1. 职业联赛在足协的会员资格和在足协会员大会中的代表

如上一章所述，采用协会模式的足协都规定需要具备会员资格。成为足协的会员就有权参加足协组织的比赛。会员资格还意味着可以享受足协提供的服务（裁判、青少年发展、纪律程序等）。相应地，会员必须遵守足协的规章制度。

本节通过研究足协的规章制度以确定职业联赛如何成为足协的会员。

经过调查，我们发现有 4 种主要情况：

● 职业联赛是足协的直接会员。如，德国的"德国足球职业联赛协会"，是一个由德国顶级足球联赛组成的协会，也是德国足协的直接会员。

● 职业联赛是由作为足协会员的俱乐部代表其利益（如在肯尼亚，只有超级职业联赛的俱乐部是足协的会员，但是职业联赛本身并不是会员）。

● 在一些国家（如意大利、喀麦隆、新加坡、日本、卡塔尔、洪都拉斯、委内瑞拉），职业联赛和俱乐部都是足协的会员。

● 在有些情况下，职业联赛和俱乐部都不是足协的会员。在这些情况下（佛得角、印度、牙买加、新西兰、巴布亚新几内亚），地区性协会才是足协的会员。

一般而言，在上一章被划分为"自我管理的协会模式"或"独立实体"模式的职业联赛，要么是足协的直接或间接（通过它们的俱乐部）会员，要么同时既是直接的足协会员也是间接的足协会员。另一方面，对于由足协管理的协会模式的职业联赛，地区性协会通常是足协的唯一类别的会员。

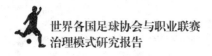

表 7　　　　　　　　足协内的职业联赛会员类型

结构	足协	足协会员会籍			
		直接	俱乐部	双重（直接+俱乐部）	无
甲级联赛	波兰		X		
甲级联赛	意大利			X	
甲级联赛	西班牙		X		
德国甲级联赛	德国	X			
甲级职业联赛	法国		X		
挪威足球联赛	挪威		X		
职业联赛	英格兰		X		
瑞士足球联赛	瑞士		X		
乌克兰超级联赛	乌克兰	X			
全国冠军赛	佛得角				X（地区性协会）
肯尼亚超级职业联赛	肯尼亚		X		
足球职业联赛	喀麦隆			X	
全国足球职业联赛	突尼斯		X		
职业联赛	科特迪瓦		X		
足球职业联赛	塞内加尔		X		
全国足球职业联赛	南非	X			
超级职业联赛	赞比亚		X		
澳大利亚联赛	澳大利亚				X（地区性协会）
印度职业联赛	印度				X（地区性协会）
印度尼西亚超级联赛	印度尼西亚		X		
日本联赛	日本			X	
卡塔尔星级足球联赛	卡塔尔			X	
新加坡联赛	新加坡			X	
墨西哥职业联赛	墨西哥	X			
全国职业足球联赛	洪都拉斯			X	
美国职业足球大联盟	美国	X			
牙买加职业足球协会	牙买加				X（地区性协会）
全国职业足球协会	智利	X			
巴西冠军赛	巴西		X		
委内瑞拉超级联赛	委内瑞拉			X	
全国联赛	新西兰				X（地区性协会）
全国足球联赛	巴布亚新几内亚				X（地区性协会）

从规则上来看，联赛在足协中的会员形式和联赛在足协中的代表形式之间存在着联系。例如，当联赛是足协的直接会员时，联赛在足协会员大会中就是被直接代表。但在9个国家/地区中（意大利、英格兰、喀麦隆、新加坡、日本、澳大利亚、洪都拉斯、委瑞内拉），实际代表形式不同于规定的在足协会员大会中的会员形式。

就职业联赛在足协会员大会的代表而言，最常见的情况就是间接会员。在32个国家中有14例都是由俱乐部代表职业联赛出现在足协会员大会中。足协会员大会的代表与职业联赛的模式结构没有关联：在所有的联赛模式中都有职业联赛通过俱乐部在足协会员大会中间接存在的情形。如，巴西足球职业联赛（巴西顶级职业联赛，属于在前章内划分为由足协管理的协会模式职业联赛）的俱乐部、法国足球联赛（属于自我管理的协会模式的职业联赛）和波兰职业联赛（独立实体模式的职业联赛）都是各自足协会员大会的一部分。

第二种最常见的情况是职业联赛直接是足协会员大会的会员，有9个国家属于这个类型。由足协管理的职业联赛并不是足协会员大会的会员。这是比较符合逻辑的，因为在这种模式结构下，职业联赛是由足协内部的一个部门（如职业联赛委员

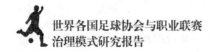
会、职业联赛办公室等）管理。

第三种情况，即联赛在足协会员大会中没有任何直接或间接的代表（有6个国家）。其中4个职业联赛属于足协管理的协会模式。日本职业足球联赛（自管协会模式的职业联赛）和牙买加全国超级联赛（独立实体模式的职业联赛）是例外，它们在各自的足协会员大会中没有代表。除了那些由足协直接管理的职业联赛以外，这几个也是属于在所在足协会员大会中没有代表的职业联赛。

最后一种情况——双重代表（直接和间接）——只有3个国家。在德国足协、卡塔尔足协和新加坡足协内部，顶级职业联赛的俱乐部代表和联赛自己的代表都是会员大会的会员。比如，在德国，德国足球职业联赛协会在足协会员大会中是由其俱乐部代表。然而，德国足球职业联赛协会及其子公司 DFL（"德国足球职业联赛协会"的一个分支）均在足协会员大会中有会员代表。联赛和俱乐部均是德国足协董事会和德国足协执行委员会中的成员，而这二者的委员是德国足协会员大会的当然会员。[1]

下图展示了职业联赛在足协会员大会内的会员模式。

---

1 2014年1月24日与德国足协法务总监 Jürgen Paepke 电子邮件交流。

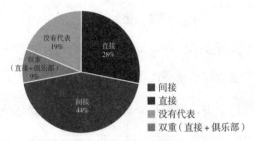

图 3　足协会员大会中的联赛代表模式

有趣的是，职业联赛在大部分的足协会员大会中有代表（81%）。然而，直接代表的比例却非常有限（仅占 37%）。这个发现反映出法律上和经济上自治的联赛在被调查的协会中仅占少部分。

2. 足协会员大会中利益相关方的权力平衡

在足协会员大会中，"代表"是一个重要的议题。该部分更为详细地分析了不同股东之间的权力平衡，强调了联赛的直接和间接（通过俱乐部）代表。

一个足协往往有两个核心机构领导：会员大会（或称作理事会、全体会议等）和执行委员会（或董事会）。

会员大会是足协的最高决策机构及规章制度制定机构，由协会全体会员组成。比如，新加坡足协的职责包括"制定、批准或修改新加坡足协的规章""批准财务报表""批准年度预算""接受、中止、开除或撤销会员"等。另外，会员大会通常会选举执行委员会的委员。会员大会每年召开一次，但是可以根据需要召开特别会议。

从理论上讲，国家足协负责一国所有的足球活动，由于被代表的主体范围广（联赛、俱乐部、地区足协、利益团体等），足协的会员大会通常能召集一大批会员。此外，每个主体都可能在足协会员大会中有许多代表。例如，波兰足协会员大会有118个会员：60个地区足协代表、32个波兰超级联赛（波兰顶级联赛）俱乐部代表（16个俱乐部，每个俱乐部2名代表），18个甲级联赛（二级联赛）俱乐部代表，4个教练代表、2个女子足球代表和2个五人制足球代表。然而，一些会员大会的会员数却很少。例如，澳大利亚足协会员大会只有10个成员：9个地区联赛代表和1个澳大利亚联赛（澳大利亚顶级联赛）俱乐部代表。

表8   足协会员大会中会员的数量

足协	会员大会中会员数量
英格兰（FA）	100—110
法国（FFF）	254
德国（DFB）	259
意大利（FIGC）	288
挪威（NFF）	350
波兰（PZPN）	118
西班牙（RFEF）	180
瑞士（ASF/SFV）	101

续表

足协	会员大会中会员数量
乌克兰（FFU）	147
喀麦隆（FECAFOOT）	111
佛得角（FCF）	未知
科特迪瓦（FIF）	162
肯尼亚（FKF）	78
塞内加尔（FSF）	未知
南非（SAFA）	189
突尼斯（FTF）	未知
赞比亚（FAZ）	未知
澳大利亚（FFA）	10
印度（AIFF）	未知
印度尼西亚（PSSI）	108
日本（JFA）	48
卡塔尔（QFA）	未知
新加坡（FAS）	23
洪都拉斯（FENAFUTH）	26
牙买加（JFF）	未知
墨西哥（FMF）	15
美国（USSF）	未知
巴西（CBF）	47
智利（FFC）	21
委内瑞拉（FVF）	80
新西兰（NZF）	7
巴布亚新几内亚（PNGFA）	未知

在此，我们通过分析研究 4 项指标以讨论职业联赛和其他利益相关方在足协会员大会和执行委员会的参与度。

● 联赛中足协会员大会 / 执行委员会中的直接（联赛）和间接（俱乐部）代表的数量与所有会员之比。

● 授予职业联赛的直接和间接代表的投票权比例。

● 出席足协会员大会 / 执行委员会的其他利益相关方的代表。我们将主要的利益相关方分为 5 类：

■ 地区性协会的代表。

■ 低级别职业联赛的代表。

■ 业余足球代表：该类是由业余联赛、业余联赛俱乐部或业余足球管理机构的代表组成。

■ 其他足协管理部门的官员：在有些情况下，其他足协管理部门（常务委员会、秘书处等）的官员也会参加及出席会员大会/执行委员会。多数情况下，这些代表并没有投票权。足协终身会员也归入本类。

■ 利益团体：与足球有关的特别利益团体的代表（球员、裁判、教练、女足、五人制室内足球等）。

● 联赛代表的选举模式

对以上四大指标的分析结果将在下面的章节中加以介绍。[1]

2.1 足协会员大会中的联赛代表及权利

多数情况下，联赛的会员席位数量（联赛代表的数量与足协会员大会会员总数之比）和联赛的权利（授予联赛代表的投票权比例）之间有直接的关联。一般而言，会员大会的会员一人一票。如瑞士足协在会员大会的投票权分布为：瑞士顶级职

1　关于完整的联赛在足协会员大会中的代表和投票权概述，请见附录。

业联赛有 28 位代表、瑞士二级联赛有 26 位代表、瑞士业余联赛有 47 个代表。

然而，职业联赛的代表和权力因国家而不同。因此，没法进行具体分类。如下特殊情况值得注意：

● 首先，如前所述，有些联赛（由足协管理的 4 个职业联赛、日本职业联赛和牙买加联赛）在足协会员大会没有任何代表和权力。

● 科特迪瓦的"职业联赛"也是反映代表人数和权力之间不一致的一个有意思的例子：该职业联赛在足协会员大会 162 个代表中占 76 个席位（第一级别的 14 个俱乐部和第二级别的 24 个俱乐部各有 2 位代表）。尽管联赛代表的数量少于足协会员大会总数的一半，联赛却拥有 68% 的投票权。相当于实际上，第一级别联赛的俱乐部每个拥有 3 个投票权，而第二级别的 24 个俱乐部每个拥有 2 个投票权。相反，其他成员仅拥有每人 1 票的投票权（38 个第三级别联赛俱乐部和 5 个利益团体均有 2 位代表）。类似的情形也存在于南非、塞内加尔和卡塔尔。

● 代表和权利的差异还有可能是因为会员大会允许一些没有投票权的会员出席。如新加坡足协、洪都拉斯足协、智利足协和委内瑞拉足协的会员大会。所有的这些国家中，足协管理部门的代表（如执行委员会成员或秘书长）可以出席，但没有投票权。在新加坡足协会员大会，除了其秘书长，新加坡联赛的首席执行官也没有投票权。

● 印度尼西亚的足球治理也处于转型时期。[1]职业联赛在印度尼西亚足协大会上的代表也值得关注。实际上，印度尼西亚目前有两个职业联赛：印度尼西亚超级职业联赛和印度尼西亚顶级职业联赛。根据印度尼西亚足协的规章，超级联赛的 18 个俱乐部和第一级别的 16 个俱乐部都必须在足协会员大会中派出代表。这些俱乐部在足协会员大会中的席位由各自所属的职业联赛进行分配。2015 年《印度尼西亚足协大会章程草案》拟新增 32 个业余联赛俱乐部代表的席位。[2]最后，值得强调的是，只有两个职业联赛在足协会员大会有多

---

1 Indonesian Football: Reform. http://pssi.or.id/dev/izCFiles/uploads/File/20130126Football Reform INA–Timeline ENG Version.pdf，最后访问于 2013 年 9 月 11 日。

2 印度尼西亚足协，2015 年《印度尼西亚足协大会章程草案》(*Draft PSSI Statutes Congress 2015*)，见 http://pssi.org/assets/collections/doc/original/54b89d2085328.pdf?nsukey=v5Vx97QP9LAg%2FgJAgcu%2FYIL%2F9ecGxSL5i5EEC6C0SCMWqHbs%2Fwq1v7zz9P9kB3tPvf%2BuSNh2Uu40u0mSZ%2BFTkV28M7nyHNu%2FrgVmL4hBfKNvZhnZbOVpxMPee46rvWa%2F7X%2B8QwB2NvnwhG8h%2Fqu3rbU0c0%2BIfciKp6gBS3ifkDcdBZMDVDYVnCvoHHg5BHp%2F，访问日期：2017 年 6 月 19 日。

数表决权：科特迪瓦"职业职业联赛"(68%) 和墨西哥"墨西哥职业联赛"(55%)。在所有调查的会员大会中，联赛在足协会员大会的平均投票权是 20%。

表 9 联赛在足协会员大会中的投票权

结构	足协	联赛投票权
甲级联赛	波兰	27%
甲级联赛	意大利	12%
甲级联赛	西班牙	17%
德国甲级联赛	德国	35%
甲级职业联赛	法国	37%
挪威足球联赛	挪威	18%
职业联赛	英格兰	8%—9%
瑞士足球联赛	瑞士	28%
乌克兰超级联赛	乌克兰	2%
全国冠军赛	佛得角	0%
肯尼亚超级职业	肯尼亚	20%
足球职业联赛	喀麦隆	4%
全国足球职业联赛	突尼斯	未知
职业联赛	科特迪瓦	68%
足球职业联赛	塞内加尔	未知
全国足球职业联赛	南非	5%
超级职业联赛	赞比亚	未知
澳大利亚联赛	澳大利亚	10%
印度职业联赛	印度	0%
印度尼西亚超级联赛	印度尼西亚	37%
日本联赛	日本	0%
卡塔尔星级足球联赛	卡塔尔	未知
新加坡联赛	新加坡	10%
墨西哥职业联赛	墨西哥	55%
全国职业足球联赛	洪都拉斯	31%
美国职业足球大联盟	美国	未知
牙买加职业足球协会	牙买加	0%
全国职业足球协会	智利	47%
巴西冠军赛	巴西	42%
委内瑞拉超级联赛	委内瑞拉	26%
全国联赛	新西兰	0%
全国足球联赛	巴布亚新几内亚	0%

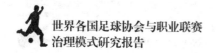
2.2 足协会员大会内的其他利益相关方

除了足协会员大会中的顶级职业联赛或俱乐部代表，利益相关方的代表也因国家而大有不同。如只有地区性协会是佛得角足协会员大会的一部分，而南非足协会员大会包括 3 种利益相关方："国家足球职业联赛"（南非顶级职业联赛）、53 个地区性协会和 12 个利益团体（足球医生协会、教练协会、学校足球、大学足球、军队足球、退伍军人足球、企业足球、聋哑人足球、智障人群足球、五人足球、球迷协会、球员协会）。

结合前文对"其他"利益相关方的分类（地区性协会、低级别职业联赛、业余足球、足协管理机构和利益团体），我们可以发现，只有英格兰足协会员大会代表包括所有的 5 个利益相关方类别。另一方面，6 个足协会员大会是由单一的利益相关方组成的：佛得角足协、印度足协、日本足协、牙买加足协、新西兰足协和巴布亚新几内亚足协。地区性协会是各自国家足协成员大会中特殊的利益相关方。顶级职业联赛，除了日本职业联赛外，都是足协管理的协会模式的联赛。巴西足协和澳大利亚足协是特例，因为它们的会员大会是仅由地区性协会和一级俱乐部代表组成（在澳大利亚，10 个澳大利亚 A 级职业联赛俱乐部只有 1 个代表）。

表 10 足协会员大会内部的利益相关方

足协	地区协会	低级别职业联赛	业余足球	足协管理机构代表	利益相关方
英格兰	X	X	X	X	X
法国			X		
德国	X			X	
意大利		X	X		X
挪威			X		
波兰	X	X			X
西班牙	X		X	X	X
瑞士			X		
乌克兰	X	X	X		X
喀麦隆			X		X
佛得角	X				
科特迪瓦			X		X
肯尼亚	X		X		X
塞内加尔			X		X
南非	X				X
突尼斯			X		X
赞比亚	X		X	X	X
澳大利亚	X				
印度	X				
印度尼西亚	X		X		X
日本	X				
卡塔尔			X		
新加坡				X	X
洪都拉斯	X		X	X	
牙买加	X				
墨西哥		X	X		
美国	X	X	X	X	X
巴西	X				
智利			X	X	
委内瑞拉	X			X	X
新西兰	X				
巴布亚新几内亚	X				

还有两个案例值得一提，因为它们的会员大会只由顶级职业联赛和一种利益相关方组成。法国足协和瑞士足协会员大会只有顶级职业联赛的代表（分别是法国职业联赛的俱乐部和瑞士足球职业联赛的代表）和业余足球的代表。

通过综合分析可以发现，地区性协会和业余足球这两类代表在足协会员大会的代表性是最高的。只有 6 个足协会员大会有低级别职业联赛的代表：意大利足协的意乙联赛和职业联赛，英格兰足协的足球联盟和足球大会，波兰足协的甲级联赛，乌克兰足协的乌克兰职业足球联赛，墨西哥足协的墨西哥甲级联赛、第二联赛和第三联赛，美国足协的北美足球联合和联合足球联赛。[1]

这一情况可以这样解释，即一个国家有几个职业联赛是相当少见的：职业级别俱乐部通常都属于同一职业联赛（如法国第一联赛和第二联赛都属于法国足球职业联赛）。上面 5 个国家的顶级职业联赛，或是属于自管的协会模式的职业联赛（意大利、乌克兰、墨西哥），或是独立实体的联赛（英格兰、波兰）。

足协会员大会的利益相关方的存在和职业联赛模式结构的

---

1 在美国，女子职业足球联盟在美国足协会员大会中也有代表。

其他关联也值得一提：

● 相比在其他模式结构的足协（20 例中有 12 例）中的代表性，地区性协会在由足协管理的协会模式职业联赛的会员大会（12 例中有 8 例）中的代表性最高。这表明职业足球的发展与地区性协会在足协层面权力的下降直接相关。

● 另一方面，相比在足协管理的协会模式职业联赛的会员大会（两类都是 12 例中有 4 例）的代表性，业余足球和利益团体类通常在协会模式中属于自我管理和独立实体的（分别在 20 例中有 15 例和 12 例）的足协会员大会中代表性更高。

相对于职业联赛模式结构，其他利益相关方在会员大会中的代表，更多的是与职业联赛在会员大会中的代表性相关，而不是与联赛的模式相关：

● 当职业联赛在会员大会没有代表时（6 例：佛得角、印度、日本、牙买加、新西兰和巴布亚新几内亚），地区性协会是唯一的利益相关方。

● 相反，当职业联赛在会员大会中有代表时，利益相关方的分布比没有联赛代表时更加均匀。无论如何，业余足球代

表是最常见的利益相关方，地区性协会和利益团体在半数以上
的案例中都存在。

表 11　每一类利益相关方在足协会员大会中的整体代表情况[1]

利益相关方	所有会员大会	没有联赛代表的会员大会	有联赛代表的会员大会
地区协会	63%	100%	54%
低级别职业联赛	19%	–	23%
业余协会	59%	–	73%
足协管理部门	28%	–	35%
利益团体	50%	–	62%

　　下图分析了利益团体在足协会员大会的代表情况。这里只
分析有利益团体的会员大会（16 个足协会员大会）。代表性
最高的利益团体是球员、教练和裁判，他们在 10 个足协会员
大会中均有代表。在下图的最右边（"其他"类别），8 个足
协会员大会（英格兰、乌克兰、科特迪瓦、南非、塞内加尔、
新加坡、美国和委内瑞拉）或者只有一个利益团体的代表，或
者只有不特定的利益团体代表（塞内加尔和新加坡足协规章中
的"其他会员"）。在英格兰，足协会员大会包括种族平等代
表。在乌克兰，街头足球职业联赛和"为乌克兰为团结而赛协

1　26 个足协中，在会员大会中没有职业联赛代表的足协（佛得角、印度、日本、
牙买加、新西兰和新几内亚）没有被考虑进来。

会"在足协会员大会都有代表。在南非，有聋哑人足球和大学
足球的代表；在科特迪瓦，退役球员也有代表。有意思的是，
经纪人从来没有代表参加。

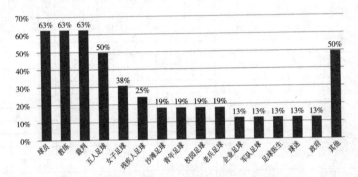

图4 利益团体出现在足协会员大会的频率

利益团体代表最多的会员大会是乌克兰足协，有19个不
同的利益团体代表南非足协会员大会有12个，喀麦隆足协有
10个，英格兰足协有7个。其他国家会员大会的利益团体代
表数量（如果有的话）在3个到5个之间。

表 12　　　　　足协会员大会中的利益团体代表

利益相关方	足协															
	英格兰	意大利	波兰	西班牙	乌克兰	喀麦隆	科特迪瓦	肯尼亚	塞内加尔	南非	突尼斯	赞比亚	印度尼西亚	新加坡	美国	委内瑞拉
球员	X	X		X		X		X		X		X	X		X	X
裁判员	X	X		X	X	X	X			X		X	X			X
教练			X	X	X		X			X		X	X			X
五人足球				X	X	X				X	X	X			X	
女子足球			X		X	X	X				X				X	
残疾人足球	X			X						X					X	
沙滩足球				X							X					
青少年足球				X											X	
学校足球				X						X	X					
退役军人足球				X			X									
足球医生							X									
军队足球	X															
业余足球							X									
支持者	X															
中央政府																
只出现在一个会员大会的利益团体	X			X				X	X	X					X	X
没有特别的利益团体										X				X		

2.3 出席足协会员大会的职业联赛代表的选举

选举题述代表通常与职业联赛的组织形式有关：

（1）当职业联赛是直接享有足协会员大会代表资格时，代表从职业联赛管理部门中选举。

（2）当职业联赛是通过俱乐部在足协会员大会中被间接代表时，每个俱乐部的主席（或主席指定的人）在会员大会中代表各自的俱乐部，从而间接地代表了联赛。

（3）当联赛在会员大会中同时有直接和间接的代表时，

联赛的直接代表和俱乐部的间接代表都参加会员大会。

（4）联赛在足协会员大会中没有代表。

接下来的表格呈现了联赛在足协会员大会中的选举模式，第三栏中的数字对应着上述四种类型。

两个特例值得一提：

● 西班牙"国家职业足球联赛"是个特例，因为并不是所有俱乐部在西班牙足协会员大会都有代表："甲级职业联赛"的 20 个俱乐部中只有 17 个有代表，"乙级职业联赛"的 22 个俱乐部中只有 13 个有代表出席足协会员大会。

● 在澳大利亚足协会员大会，10 个 A 级职业联赛俱乐部只有一位代表。这一代表必须由至少 75% 的俱乐部选举产生。[1]

我们的分析强调顶级联赛在足协的会员大会中通常仅有少数的投票权。实际上，几乎没有顶级联赛拥有高于 30% 的投票权（27 个联赛中的 8 个联赛提供了有效信息）。这是因为草根足球代表和业余足球代表（业余足球代表之外，也有

1　2013 年 11 月 4 日采访澳大利亚足协法律、商务事务和廉洁部门主任。

地区足协和利益团体的代表）在足协会员大会中被赋予了重

要的地位。

表 13　　　足协会员大会中的联赛会员的选举

联赛结构	足协	选举模式
甲级联赛	波兰	（1）
甲级联赛	意大利	（2）
甲级联赛	西班牙	（1）
德国甲级联赛	德国	（3）
甲级职业联赛	法国	（2）
挪威足球联赛	挪威	（2）
职业联赛	英格兰	（1）
瑞士足球联赛	瑞士	（1）
乌克兰超级联赛	乌克兰	（1）
全国冠军赛	佛得角	（4）
肯尼亚超级职业联赛	肯尼亚	（2）
足球职业联赛	喀麦隆	（1）
全国足球职业联赛	突尼斯	（2）
职业联赛	科特迪瓦	（2）
足球职业联赛	塞内加尔	（2）
全国足球职业联赛	南非	（1）
超级职业联赛	赞比亚	（2）
澳大利亚联赛	澳大利亚	（2）
印度职业联赛	印度	（4）
印度尼西亚超级联赛	印度尼西亚	（2）
日本联赛	日本	（4）
卡塔尔星级足球联赛	卡塔尔	未知
新加坡联赛	新加坡	（3）
墨西哥职业联赛	墨西哥	（1）
全国职业足球联赛	洪都拉斯	未知
美国职业足球大联盟	美国	未知
牙买加职业足球协会	牙买加	（4）
全国职业足球协会	智利	（1）
巴西冠军赛	巴西	（1）
委内瑞拉超级联赛	委内瑞拉	（1）
全国联赛	新西兰	（4）
全国足球联赛	巴布亚新几内亚	（4）

3. 足协执行委员会中利益相关方的权力平衡

这部分在执行委员会成员方面重复了之前的分析。这使我们对足协结构中利益相关方的权力平衡有了更深入的了解。

会员大会有时会员代表多达上百（如西班牙足协会员大会有 180 人），而执行委员会的委员数量往往少得多（如科特迪瓦足协执行委员会仅 17 人）。然而，也有例外。如新西兰足协会员大会和董事会都是由 7 个会员组成的。新西兰足协会员大会的成员是 7 个地区性协会的代表，董事会由 3 名地区性协会代表及 4 名独立委员会代表组成。这 4 名独立委员会成员由新西兰足协主席、区域性足协代表及地方政府体育官员组成。[1]

表 14　　一些国家足协会员大会和执行委员会的会员人数 [2]

足协	会员大会的会员数量	执行委员会的会员数量
西班牙（RFEF）	180	18
意大利（FIGC）	288	56
法国（FFF）	254	21
德国（DFB）	259	12

1　2013 年 10 月 7 日采访新西兰足协主席 Frank Van Hattum。

2　西班牙足协有两个执行机构：代表委员会和理事会。代表委员会是一般性的执行委员会。它的职能包括通过预算，修改规章制度等。理事会有 60 个成员，全部由主席选出。它的作用是协助主席进行管理工作。本研究中，讨论的仅仅是作为一般性执行委员会的代表委员会。（2013 年 10 月 24 日采访西班牙足协主席执行办公室主任 Robert Pongracz。）

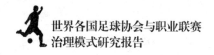
续表

足协	会员大会的会员数量	执行委员会的会员数量
英格兰（FA）	100—110	16
瑞士（ASF/SFV）	101	15
波兰（PZNP）	118	11
乌克兰（FFU）	147	8
挪威（NFF）	350	12
突尼斯（FTF）	未知	27
科特迪瓦（FIF）	162	7
佛得角（FCF）	未知	18
南非（SAFA）	189	23
赞比亚（FAZ）	未知	12
塞内加尔（FSF）	未知	11
喀麦隆（FECAFOOT）	111	17
肯尼亚（FKF）	78	40
印度（AIFF）	未知	15
印度尼西亚（PSSI）	108	6
新加坡（FAS）	23	5—9
日本（JFA）	48	27
澳大利亚（FFA）	10	17
卡塔尔（QFA）	未知	5—9
墨西哥（FMF）	15	未知
美国（USSF）	未知	34
洪都拉斯（FENAFUTH）	26	5
牙买加（JFF）	未知	未知
巴西（CBF）	47	6
智利（FFC）	21	7
委内瑞拉（FVF）	80	11
新西兰（NZF）	7	7
巴布亚新几内亚（PNGFA）	未知	7

3.1 成员国职业联赛在各国足协的执行委员会代表情况

与前述会员大会相反，职业联赛在足协的执行委员会中极少采用间接代表的方式。当职业联赛在足协的执行委员会中有直接代表时，有以下 3 种不同的情形：

● 职业联赛主席为足协执行委员会的当然成员（当然成员是指成员基于其在其他机构的职责而自动拥有参加足协或执行委员会的权利。例如，职业联赛主席通常是足协执行委员会的当然成员），且是整个职业联赛唯一的代表：法国足球甲级联赛、挪威足球超级联赛、突尼斯足球职业联赛、喀麦隆足球职业联赛。

● 职业联赛主席为足协执行委员会的当然成员，但其他职业联赛代表也是足协执行委员会的成员（括号内数字为主席以外的代表人数）：意大利足球甲级联赛（2）、德国足球甲级联赛（15）、英格兰足球超级联赛（1）、瑞士足球超级联赛（2）、南非足球超级联赛（3）、日本职业足球联赛（2）、卡塔尔足球星级联赛（1）。

● 职业联赛代表为足协执行委员会的成员：西班牙足球甲级联赛（2）、波兰足球顶级联赛（1）、乌克兰足球超级联赛（1）、肯尼亚足球超级联赛（1）、墨西哥足球甲级联赛（1）、牙买加足球甲级联赛（4）、智利足球甲级联赛（4）。

事实上，目前所知间接代表仅存在于 3 个国家。其中两个足协的执行委员会中有俱乐部代表。在科特迪瓦，执行委员会中至少要有 5 位职业联赛俱乐部代表。在塞内加尔，顶级职业联赛既有直接 也有间接的代表。除了职业联赛主席依职权成为执行委员会的成员外，塞内加尔顶级职业联赛俱乐部拥有 5 个代表席位。而美国的职业足球大联盟则是由职业足球委员会 (美国足协管理机构) 的成员间接代表。

在其他国家中，职业联赛或者没有代表（5 个国家：印度、印度尼西亚、新加坡、澳大利亚[1]、新西兰），或者足协规章制度中未对联赛在执行委员会中的席位出规定（6 个国家：佛得角、赞比亚、洪都拉斯、巴西、委内瑞拉、巴布亚新几内亚）。

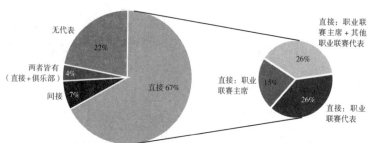

图 5 联赛在足协执行委员会的代表方式[2]

---

1 澳大利亚的顶级职业联赛没有代表。但是，顶级职业联赛拥有执行委员成员选举中 10% 的选票。

2 在佛得角、赞比亚、洪都拉斯、巴西、委内瑞拉、巴布亚新几内亚等国足协中，未能查到职业联赛参加执行委员会的信息。

3.2 职业联赛在足协执行委员会中的代表及权利

足协执行委员会的人数通常比其会员大会少。因此，在很多国家的足协执行委员会中联赛代表通常不超过两个。目前所知执行委员会中职业联赛代表最多的是塞内加尔，有6名委员（共23个委员）。

与足协会员大会的投票权一样，执委会通常也是一人一票。代表权与投票权不对等的情形仅存在于5个国家：

● 在墨西哥足协执行委员会的5个席位中，墨西哥足球甲级联赛拥有1个席位，但是却拥有10个投票权中的5个，相当于50%的投票权。

● 在德国足协执行委员会中：德国足球联赛的代表各拥有2票，而其他执行委员会成员则拥有1至3票。

● 在突尼斯足协执行委员会中，突尼斯足球甲级联赛的投票权（7%，14个投票权中的1个）大于职业联赛的代表权（17个代表中的1个），因为参加执行委员会的足协秘书长、裁判委员会主席和全国技术总监没有投票权。

● 西班牙的情况也是一样的。西班牙足球甲级联赛的选举权（15%，13个选票权中的2个）高于职业联赛的代表权（16个代表中的2个），因为西班牙足协秘书长、首席执行官和法务部门主任参加执行委员会但没有投票权。[1]

● 瑞士足协的情况类似。瑞士足球联赛的投票权（29%，7 个投票权中的 2 个）稍高于职业联赛的代表权（11 个代表中的 3 个）。瑞士足协的秘书长、传媒总监、技术总监、A 队和 U21 国家队的负责人（联赛代表），都是没有投票权的执行委员会成员。

只有两个职业联赛在足协执行委员会中的投票权等于或高于 50%：墨西哥足球甲级联赛（50%）和智利国家足球甲级职业联赛（57%）。除此之外，在对足协的调查中这一比例从未超过 30%。例如在塞内加尔，在有投票权的 23 个委员中，联赛的 6 个委员拥有 26% 的投票权。相反在喀麦隆，执行委员会中的 24 个地方协会无法允许职业联赛代表拥有更多的投票权（4%，27 个成员中联赛只有 1 个代表）。此外，在足协会员大会中，一些职业联赛在执行委员会中没有任何代表权及投票权（印度、新西兰等）。基于这些情况，职业联赛在足协执行委员会中的平均投票权为 15%。[2]

1　2013 年 10 月 24 日采访西班牙足协主席执行办公室主任 Robert Pongracz。
2　关于完整的联赛在足协执委会中的代表权和投票权的概述，请见附录。

表 15 职业联赛在执行委员会的选举权

结构	足协	联赛投票权
甲级联赛	波兰	17%
甲级联赛	意大利	14%
甲级联赛	西班牙	15%
德国甲级联赛	德国	未知
甲级职业联赛	法国	8%
挪威足球联赛	挪威	12%
职业联赛	英格兰	17%
瑞士足球联赛	瑞士	29%
乌克兰超级联赛	乌克兰	7%
全国冠军赛	佛得角	未知
肯尼亚超级职业联赛	肯尼亚	8%
足球职业联赛	喀麦隆	4%
全国足球职业联赛	突尼斯	7%
职业联赛	科特迪瓦	28%
足球职业联赛	塞内加尔	26%
全国足球职业联赛	南非	10%
超级职业联赛	赞比亚	未知
澳大利亚联赛	澳大利亚	0%
印度职业联赛	印度	0%
印度尼西亚超级联赛	印度尼西亚	0%
日本联赛	日本	11%
卡塔尔星级足球联赛	卡塔尔	22%
新加坡联赛	新加坡	0%
墨西哥职业联赛	墨西哥	50%
全国职业足球联赛	洪都拉斯	未知
美国职业足球大联盟	美国	未知
牙买加职业足球协会	牙买加	12%
全国职业足球协会	智利	57%
巴西冠军赛	巴西	未知
委内瑞拉超级联赛	委内瑞拉	未知
全国联赛	新西兰	0%
全国足球联赛	巴布亚新几内亚	未知

3.3 足协执行委员会中的其他利益相关方

由于在许多国家中利益相关方的构成取决于足协会员大会的选举，因此很难对利益相关方在执行委员会的代表情况作出清晰的描述。4个例子阐释了这些情形：（1）无明确的利益相关方的代表、（2）混合的利益相关方、（3）主席竞选活动的一部分、（4）不由会员大会选举。

大多数情况下，足协的规章中并没有明确规定被选举人是否必须要隶属于某个特定机构或担任某种职务，因此很难知晓这些人是否代表某个职业联赛、地方协会或利益群体。

举例来说，印度尼西亚足协执行委员会成员是由足协会员大会选举的。足协会员大会选举主席、2个副主席以及12个成员。在印度尼西亚足协的规章中没有明确规定这些委员是否要代表某个机构。

尽管如此，在许多国家，足协的执行委员会由不同方式组成。主席由足协会员大会选举，并不特别在意其是否隶属于某个利益团体。其他代表足球管理体制需要的执行委员会成员则是由足协会员大会另行选举，足协会员大会成员选举的人必须属于一个明确的实体。某些时候，执行委员会完全由足球协会或联赛当然成员组成。

例如，塞内加尔足协执行委员会共有23个成员。在这些成员中，主席由足协会员大会选举。6个副主席是当然职务成员（塞内加尔职业联赛主席、业余足球联赛主席等）。其余

16个成员也是由足协大会选举，但他们必须属于某些利益团体（如，3个成员代表甲级俱乐部，4个成员代表地区职业联赛，1个成员代表女足）。

在第三种情形中，执行委员会的组成也取决于主席选举。在一些国家，主席候选人必须向足协大会提供执委会委员候选人名单，如果该主席候选人确认当选，名单上的人选则会成为执行委员会的成员。候选人名单的入选标准有可能事先确定。

在科特迪瓦，足协规章规定主席候选人所提交的名单中必须包含一些特别的代表。主席必须提供不包括他自己在内的17个成员的候选人名单。这个名单必须包括至少3名第一级别职业联赛的代表，2名第二级别职业联赛的代表，2名第三级别职业联赛的代表，以及参加足协大会的某个利益团体的1名代表。

在法国，足协执行委员会的组成采用混合方式，包含主席候选人所提名的人选名单及当然职务成员名单。当选主席需要提供一个未来执行委员会成员的名单，但并不需要说明这些人是否需要属于某利益团体。此外，一些当然职务成员自动进入到执行委员会。具体来说，法国足协执行委员会由12名成员组成。在这些成员中，主席和其他9名成员由足协会员大会选举产生，其余 2 名成员为法国足球甲级联赛和业余足球联赛的主席。这 2 位主席不是由足协会员大会选举出来的，而是当然职务成员。

最后需要讨论的是并非由足协大会选举产生的执行委员会成员。执行委员会的构成由足协规章规定且每个成员都属于一个明确的足球实体。足协内部选举来确定哪些足球实体的代表将进入执行委员会。在墨西哥足协执行委员会中，5 位成员中的 4 位代表 4 个级别的墨西哥职业联赛，1 位代表业余联赛。职业联赛和业余联赛的管理机构指定其在执行委员会的成员。

当执行委员会的组成确定之后，除了顶级职业联赛的代表以外，目前参与最多的利益相关方就是业余足球联赛的代表。当职业和业余足球联赛在执行委员会都没有代表时，地方协会偶尔也会有代表进入执行委员会中。

利益群体很少会在执行委员会中有代表。实际上，只有 9 个足协的执行委员会（西班牙、意大利、英格兰、喀麦隆、塞内加尔、科特迪瓦、印度、日本、美国）有利益群体的代表。由于部分足协的规章规定利益群体必须有代表但没有指明是哪一个，故而具体的代表情况就无法在此详述。所选择的利益群体通常由足协会员大会投票决定。值得注意的是，尽管目前大部分利益群体（球员、裁判、教练、青少年和女子足球等）在一些执行委员会中仍有代表，另外有部分（公司、学校、退伍军人和球迷等）却从执行委员会中消失了。

又如，在意大利足协中，球员、教练和裁判在足协会员大会和执行委员会中都有代表。在科特迪瓦，足协规章规定5个利益群体（裁判、教练、女子足球、足球医生和前球员）中至少要有1个在执行委员会内有代表。

然而在少数情况下，一些利益群体只在执行委员会中有代表。比如塞内加尔足协的执行委员会中有国家队球员的代表。同样，在印度足协的执行委员会中，两个利益群体"运动服务管理委员会"和"铁路运动促进委员会"中必须有一个有人选。

关于联赛在足协执委会中代表的选举模式的研究也很有趣。选举模式是组织中权利如何实际运作的指示。

3.4 足协执行委员会中的联赛代表选举

足协执行委员会的职业联赛代表可通过以下不同的程序任命：

（1）没有事先限定足协会员大会选举：足协会员大会选举的执行委员会成员不需要属于某个特定的机构或拥有某种特殊职务。举例来说，印度尼西亚足协的规章规定由足协大会选

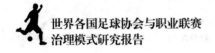
举执行委员会成员，但并不规定成员的附属关系或职务。

（2）有事先限定的足协会员大会选举：足协大会必须选举职业联赛代表作为执行委员会成员。塞内加尔足协大会必须选举 5 名塞内加尔职业足球俱乐部的代表为执行委员会成员。

（3）当然职务成员：执行委员会中的职业联赛代表是职业联赛管理机构的指定成员——通常是职业联赛主席。例如喀麦隆足球职业联赛的主席是足协执行委员会中唯一职业联赛代表。

（4）内部选举：职业联赛在执行委员会中的代表是预先指定的，且职业联赛代表是从职业联赛管理机构成员中选择的。例如，进入肯尼亚足协执行委员会中的超级职业联赛代表是从职业联赛成员中选举的。

在一些国家，可能同时采取多种不同的程序来决定执行委员会中的职业联赛代表。

下表是足协执行委员会中顶级职业联赛代表的选举程序。这些程序是在这些国家足协的规章中规定的。但是在足协成员间可能存在非正式协议来决定执行委员会成员名额的分配，尤其是当由足协会员大会进行选举这些委员时。

在挪威，足协规章规定执行委员会成员必须由足协会员大会选举。但是，对于挪威顶级职业联赛（顶级职业联赛俱乐部

是由利益团体代表）的主席、裁判代表、主要地区代表等有非

正式的预留名额。[1]

表 16　　　　足协执行委员会成员的选举方式

足协	选举方式
英格兰 (FA)	（4）
法国 (FFF)	（3）
德国 (DFB)	（2）、（3）
意大利 (FIGC)	（4）
挪威 (NFF)	（2）
波兰 (PZPN)	（2）
西班牙 (RFEF)	（4）
瑞士（ASF/SFV）	（2）、（3）
乌克兰 (FFU)	（1）
喀麦隆 (FECAFOOT)	（3）
佛得角 (FCF)	未知
科特迪瓦 (FIF)	（2）
肯尼亚 (FKF)	（4）
塞内加尔 (FSF)	（2）、（3）
南非 (SAFA)	（3）、（4）
突尼斯 (FTF)	（3）
赞比亚 (FAZ)	未知
澳大利亚 (FFA)	无职业联赛代表
印度 (AIFF)	无职业联赛代表
印度尼西亚 (PSSI)	无职业联赛代表
日本 (JFA)	未知
卡塔尔 (QFA)	（1）
新加坡 (FAS)	无职业联赛代表
洪古拉斯 (FENAFUTH)	未知
牙买加 (JFF)	未知
墨西哥 (FMF)	（4）
美国 (USSF)	未知
巴西 (CBF)	未知
智利 (FFC)	（3）、（4）
委内瑞拉 (FVF)	未知
新西兰 (NZF)	无职业联赛代表
巴布亚新几内亚 (PNGFA)	未知

---

[1]　2013 年 9 月 24 日采访挪威足协赛事部主任 Nils Fisktejønn。

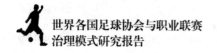
4. 常设委员会的职能、存在和成员

常设委员会设立的目的是处理具体事务。足协机构内的常设委员会的数量和职能可能会差异很大。如赞比亚足协的管理结构中有 14 个常设委员会。

表 17　　　常设委员会——以赞比亚足协为例

赞比亚足协常设委员会	
超级职业联赛及组织委员会	球员身份及转会委员会
财务及投资委员会	医疗委员会
技术委员会	宣传推广与公平竞争委员会
裁判委员会	青年足球委员会
协会联络委员会	女子足球委员会
法律委员会	五人制足球委员会
审计委员会	营销及电视顾问委员会

为了这一研究，我们选择了 3 个特别委员会：裁判委员会、球员身份委员会和纪律委员会。我们之所以选择这 3 个常设委员会，是因为它们在足协机构是最重要和最常见的常设委员会。

裁判委员会通常负责与裁判和裁判员有关的所有问题。如根据《南非足协规章》，南非足协"全国裁判委员会"的职责如下：

46. 全国裁判委员会应该由 1 名主席、1 名副主席和不超过 10 名会员组成，并应该：

46.1 监督和管理比赛规则及其执行；

46.2 决定和解释比赛规则的适用；

46.3 向足协执行委员会提出修改比赛规则的建议，以提交给国际足联执行委员会；

46.4（……）

46.5 制定足协执法国际性比赛的裁判员名单以提交给国际足联或非足联；

46.6 为南非足协管辖范围内的和附属地区的比赛指定裁判员；

46.7 建立全国统一的裁判方式和规则执行；

46.8 建立统一的裁判员监督标准以供南非足协会员使用；

46.9 组织裁判员和裁判员教员的课程；

46.10 能够为裁判员授课的教员和讲师名单；

46.11 准备和制定关于裁判的有用的教学材料。

我们发现几乎所有被调研足协的规章中都有裁判委员会。然而，4个足协有关于裁判的专门组织。意大利足协是个特例，因为它的组织中没有裁判委员会。然而，意大利裁判员有他们自己的协会——意大利裁判员协会,这一协会附属于意大利足协。该协会负责所有有关裁判和裁判员的问题,并对意大利足协负责并接受意大利足协的监督,这一情况与英格兰的职业比赛官员有限公司类似。在澳大利亚,所有与裁判和裁判员有关的问题都由"裁判员领导团体"管理。它是由裁判员组成的、由澳大利亚足协领导的一个咨询性和战略性团体[1]。

通常,足协执行委员会(或者有时是足协会员大会)指定这些常设委员会的委员。有时,足协规章会专门规定,执行委员会的委员必须是裁判委员会的主席。在这些情况下,无法得知联赛代表是否是裁判委员会的会员。然而,一些足协有专门的选举方式。如在西班牙,西班牙足协有处理职业联赛裁判问题的专门裁判委员会。这一委员会包括3名会员:1名由足协推举、1名由联赛推举,最后1名由双方共同选择。

球员身份委员会负责与球员身份和转会有关的问题。如,根据印度尼西亚足协的规章,其球员身份委员会有如下职责:

(1)球员身份委员会根据国际足联的规则负责准备和监督与球员身份、转换身份和转会有关的事宜:球员身

---

1 2013年11月4日采访澳洲足协法律、商业事务与廉洁部门主任 Jo Setright。

份、转会，以及在印度尼西亚不同级别的比赛中确定球员身份。

（2）足协执行委员会起草球员身份委员会管辖权及有关的规则。

（3）球员身份委员会根据国际足联的规章，把将要提交到仲裁庭的涉及会员、球员、比赛、球员经纪和比赛官员的争端向执行委员会报告。

在本研究涉及的3个常务委员会中，球员身份委员会在足协的代表性最低。14个足协没有在其规章中明确提及球员身份委员会的存在。但也有可能，这些关于球员身份的问题是由另一个委员会来处理。如在英格兰，英格兰足协的"惩戒和制度委员会"负责球员身份问题。相似的设置在瑞士足协、波兰足协和突尼斯足协也存在。

如上面提到的裁判委员会一样，球员身份委员会的委员通常由执行委员会或足协会员大会选举。

纪律委员会负责裁判其成员的违规事项并公布惩罚措施。如根据《赞比亚足协规章》，其纪律委员会有如下职责：

i. 纪律委员会的职能由赞比亚足协纪律条例来规定。一般来说,只有包括主席或副主席在内的至少 3 名委员会成员在场时才能通过决定。特定情况下,主席可以单独根据赞比亚足协纪律条例第 14 条做出决定。

ii. 纪律委员会可以根据赞比亚足协规章和赞比亚足协纪律条例中关于会员协会、会员俱乐部、工作人员、球员、比赛和球员代理人的规定来宣布惩罚措施。

iii. 涉及球员停赛和除名的处理需要服从于赞比亚足协理事会和执行委员会的决定。

所有的足协都设有纪律委员会。与前两个常委委员会一样,纪律委员会的委员多数情况下由执行委员会或足协大会选举。因此外界很难知道纪律委员会的委员是谁及他们分别代表谁的利益。

只有 5 个足协(德国、英格兰、瑞士、挪威和日本)在其纪律委员会中明确标明了职业联赛的代表。如,瑞士足协纪律委员会由 12 个委员组成。瑞士足协的 3 个联赛(瑞士足球联赛,乙级联赛和业余联赛均可)提名候选人,足协大会从每个联赛选举 4 名委员。

一些足协规章明确规定,纪律委员会的委员必须是独立的,且必须有法律教育背景。西班牙、意大利、乌克兰、澳大利亚和卡塔尔都是这样。如意大利足协的规章规定,纪律委员会的委员必须是商业经济领域的大学教授、研究员或博士。为了确保会员的独立性,《意大利足协纪律委员会规则》规定,纪律委员会的委员在观看足球比赛时,不能接受任何到贵宾区观看比赛的邀请。

我们还可以注意到,很多职业联赛(除了属于足协管理的协会模式的职业联赛)都有它们自己的常设委员会。因此职业联赛的具体利益有时并不一定非要在足协常务委员会层面中解决。一般而言,所有与裁判员有关的问题往往由足协自己处理。下一章将会更为具体地探讨职业联赛和足协的分工问题。

第三章　足协与职业联赛的分工

本章研究足协与职业联赛对足球管理 5 个重要领域的分工：

- 组织比赛

- 球员身份

- 纪律程序

- 体育仲裁

- 俱乐部准入

本章讨论了足协与职业联赛在上述每个领域的职责分工。这也能为我们提供一个关于在国家层面上足球管理中各主体重要性的清晰概览。

1. 组织比赛

我们在本报告中讨论了全球最常见的 5 种比赛组织模式 [1]：

1　因为男子全国联赛的组织已经在第一章被分析过了，因此在这部分中没有被考虑在内。

- 国家杯

- 职业联赛杯

- 超级杯

- 青年足球比赛

- 女子足球比赛

1.1 国家杯

国家杯通常是指同一国家的足球金字塔中不同级别的球队之间的淘汰赛。国家杯有意思的地方在于，业余球队有可能与专业球队比赛。这种实力不平衡的比赛堪比"大卫激战哥利亚巨人"的重演。

如下表所列，只有巴布亚新几内亚和洪都拉斯、澳大利亚[1]3个国家未举办国家杯。

1　本书英文版出版时，澳大利亚已经举办了国家杯的比赛。

表 18 国家杯[1]

国家／地区	是否举行国家杯	赛事组织者	参赛球队
西班牙	是	足协	84 支球队：所有甲级联赛和乙级联赛的球队、有资格的乙级 B 组联赛的球队，以及丙组联赛的冠军。
意大利	是	顶级职业联赛（甲级联赛）	78 支球队：全部甲级联赛和乙级联赛的球队，27 支职业联赛球队和 9 支业余联赛球队。
法国	是	足协	7420 支球队：所有从第一层级（甲级职业联赛）到第五层级（戊级职业联赛）的球队，以及有资格的业余球队。
德国	是	足协	64 支球队：所有甲级职业联赛的球队，上个赛季的丙级职业联赛四强；21 个地区职业联赛的冠军和 3 个地区足协球队。
英格兰	是	足协	737 支球队：全部英超联赛和足球联赛的球队，及从 1—6 级非联赛球队体系中取得参赛资格的球队。
瑞士	是	足协	64 支球队：20 支甲级联赛的球队，18 支乙级联赛球队，以及 26 支从业余联赛取得资格的业余球队。
波兰	是	足协	48 支球队：所有顶级联赛与甲级联赛的球队，及 14 支有资格的业余球队。
乌克兰	是	足协／顶级联赛（甲级联赛／专业足球联赛）	55 支球队（2012—2013 年赛季）：16 支甲级联赛球队，17 支乙级联赛球队，22 支二级联赛球队和业余杯球队。
挪威	是	足协	128 支球队：80 支挪威足球联赛（挪超、挪甲）球队和挪威联赛球队，及 48 支有资格的球队。
突尼斯	是	足协	32 支球队：所有甲级联赛球队及 16 支有资格的业余球队。
科特迪瓦	是	足协	无相关信息
佛得角	是	足协	无相关信息

1 在英格兰，"无联赛"足球关乎所有英超联赛和足球联赛之下的冠军赛。在印度，"服务队"是政府机构代表队（部队、警察等）。在墨西哥，和许多拉丁美洲国家一样，墨西哥杯被分为两个年度联赛：秋季联赛（开幕，7 月至 12 月）和春节联赛（闭幕，1 月至 5 月）。在巴西，巴西足协创建俱乐部和各州的排名，以此决定哪些俱乐部获取比赛资格（巴西杯、南美解放者杯）。

国家／地区	是否举行国家杯	赛事组织者	参赛球队
南非	是	足协（早期）／顶级联赛（国家足球联赛）	32 支球队：全部甲级联赛球队和 16 支有资格的球队。
赞比亚	是	足协	8 支球队：6 支甲级联赛球队和每一赛区的冠军球队。
塞内加尔	是	足协	无相关信息
喀麦隆	是	足协	64 支球队：精英甲级联赛和精英乙级联赛的全部球队，及 36 支有资格的球队。
肯尼亚	是	足协	无相关信息
印度	是	独立公司	22 支球队：12 支有资格的球队，4 支印度联赛球队，4 支印度联赛乙级联赛球队，以及 2 支由政府部门及军队组建的球队。
印度尼西亚	是	无相关信息	无相关信息
新加坡	是	足协	16 支球队：全部新加坡职业足球联赛的球队及 4 支邀请球队。
日本	是	足协	88 支球队：全部日本联赛的球队，日本足球职业联赛的冠军球队，以及 47 支地区职业联赛杯冠军球队。
澳大利亚	是	足协	2015 年，有超过 650 支半职业俱乐部和业余俱乐部参加第一轮比赛。
卡塔尔	是	足协	18 支球队：全部卡塔尔星级联赛的球队及 4 支第二联赛的球队。
墨西哥	是	顶级联赛（墨西哥联赛／墨西哥晋级赛）	墨西哥春季杯联赛：所有 28 支墨西哥足球甲级联赛的球队，包括中北美洲冠军赛联赛的 14 支球队，以及 14 支墨西哥晋级赛的球队。墨西哥秋季杯职业联赛：所有墨西哥甲级联赛的球队，包括中北美洲冠军赛联赛与南美解放者杯的 11 支球队，以及 13 强。（总共 24 支球队）
美国	是	足协	68 支球队：16 支美职联的球队，6 支北美联盟的球队，12 支美国足球联盟的球队，以及 34 支业余球队。
洪都拉斯	否		
牙买加	是	顶级联赛（牙买加足球协会）	16 支球队：国家职业联赛的球队及地区冠军赛的冠军球队。
巴西	是	足协	86 支球队：6 支南美解放者杯的球队，70 支地区联赛的冠军（球队／州数量取决于州的排名）和巴西足协球队排名的十强（除前两项的球队以外）。

续表

国家／地区	是否举行国家杯	赛事组织者	参赛球队
智利	是	顶级职业联赛（全国足球职业协会）	32 支球队：全部甲级职业联赛和乙级职业联赛的球队。
委内瑞拉	是	足协	38 支球队：全部甲级职业联赛和乙级职业联赛的球队。
新西兰	是	足协	128 支球队：每个赛区去的参赛资格的球队（除了甲级联赛的俱乐部外）。
巴布亚新几内亚	否		

在大多情况下，国家杯均由该国足协负责组织赛事。足协作为国家杯组织者的优势，体现在以下方面[1]：

● 9 个国家（挪威、突尼斯、科特迪瓦、佛得角、赞比亚、新加坡、巴西、委内瑞拉以及新西兰）的顶级职业联赛完全由其足协（足协管理的协会模式）管理。这意味着在这些国家，足协是国家层面上唯一管理足球的机构，因此所有的全国性比赛都由足协组织。

● 10 个国家／地区（西班牙、法国、德国、英格兰、瑞士、波兰、喀麦隆、日本、卡塔尔和美国）要么采用自我管理的协会模式，要么采用独立实体模式。然而当国家杯把足球金字塔不同层级的球队聚集在一起比赛时，足协接管了国家杯的组织。因为足协是一个国家的足球最高权力机关，这样它就能将全部

1　因为信息的缺失及赛事形式不明，我们无法解读塞内加尔、肯尼亚、印度尼西亚国家杯。

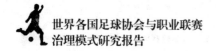
联赛纳入其管辖范围内。

● 有 4 个国家的国家杯是由顶级职业联赛组织。所有这些例子都是采用自我管理的职业联赛模式（意大利、墨西哥和智利）或独立实体职业联赛（牙买加）。在这些国家杯中，有 2 个（智利和墨西哥）实际上只能由组织赛事的联赛的会员球队参加。这就解释了为何在这些国家中，联赛是国家杯的组织者。在牙买加，国家顶级联赛的球队和地区联赛的冠军争夺国家杯，而国家杯就是由顶级联赛组织的。意大利是个特例，因为当来自不同级别联赛的球队争夺国家杯时，国家杯由顶级职业联赛（意甲联赛）负责组织，而不是由意大利足协来组织。

乌克兰的情况比较特殊。在乌克兰，国家杯是由二级联赛（职业联赛组织第一轮和第二轮比赛）、顶级职业联赛（超级联赛组织第三轮比赛）、足协（足协组织最后一轮比赛）共同举办的。属于甲级和乙级职业联赛的球队与两个国家级业余杯的决赛选手进入最后的决赛。[1]

在南非，国家杯的比赛是由南非足球协会和全国足球职业联赛共同组织的。南非足协负责赛事的前期阶段，该阶段主要由不属于全国职业足球联赛的球队参加。一旦全国足球职业联

---

1 2013 年 11 月 25 日与乌克兰足协职业足球委员会的 Victor Derdo 邮件交流。

赛的球队进入比赛，国家足球职业联赛就会接管国家杯比赛的组织事宜。

在印度，虽然国家杯由一个独立的公司——杜兰德职业足球联赛协会组织，但该赛事仍然是"在全印度足球联赛的支持下"举办的。[1]

也应该提到的是，一些国家为业余球队或较低水平的球队组织额外的国家杯比赛。例如：英格兰足协为英格兰足球金字塔的第五到第八层级的球队举办"足协杯"比赛。在意大利，意大利丙级联赛举办"意大利联赛杯"比赛，该联赛的所有球队都参加。乌克兰也为业余俱乐部举办业余国家杯比赛。

1.2 联赛杯

联赛杯是指为在同一联赛球队举办的赛事。因此这种赛事由一个特定的联赛实体来组织。联赛杯常见于采用自我管理的协会模式或独立实体模式的国家。而且由于联赛杯只能由属于联赛的球队参加，联赛将负责组织整个赛事。

新加坡和印度的联赛杯是例外。由于新加坡职业联赛和印度职业联赛完全由足协管理——它们采用足协管理的协会模式——联赛杯因此也由足协组织。

1　http://www.durandfootball.com/about_us.html，最后访问于 2013 年 11 月 6 日。

在调查的 32 个国家中，我们只在 8 个国家找到联赛杯。这表明该类型的赛事在全球范围内并不流行。

表 19　　　　　　　　　　**职业联赛杯**

国家／地区	赛事组织者	参赛球队
法国	法国甲级联赛	43 支球队：全部甲级联赛和乙级联赛的球队，以及全国范围内的职业球队（丙级联赛）。
英格兰	足球职业联赛	92 支球队：全部超级联赛和足球联赛的球队。
南非	国家足球联赛	16 支甲级联赛球队。
塞内加尔	职业足球联赛	无相关信息。
印度	足协	20 支球队：14 支甲级职业联赛球队和 6 支乙级联赛球队。
日本	日本职业联赛	18 支日本甲级职业联赛球队。
新加坡	足协	12 支新加坡联赛的球队和 4 支取得参赛资格的国家足球联赛的球队。
卡塔尔	卡塔尔星级联赛	12 支球队。

1.3 超级杯

超级杯通常是指一个国家顶级职业联赛的冠军球队与国家杯的冠军球队的单一对抗赛。它通常扮演"赛季开幕者"的角色——也就是说，在顶级联赛开赛之前举办。

下表表明超级杯在调查范围内的大多数国家举办（32 个国家中有 20 个国家）。在肯尼亚有两个不同的超级杯——一个是基础的超级杯赛制（顶级职业联赛冠军对阵国家杯冠军），另一个是在职业联赛赛制之下，由上个顶级联赛的八强球队参加。除了肯尼亚之外，只有两个超级杯是根据与传统赛制不同的赛制举办的：南非和卡塔尔的超级杯。

表 20   **超级杯**

国家／地区	是否有超级杯	赛事组织者	赛制
西班牙	是	足协	顶级联赛冠军 vs. 国家杯冠军
意大利	是	顶级联赛	顶级联赛冠军 vs. 国家杯冠军
法国	是	顶级联赛	顶级联赛冠军 vs. 国家杯冠军
德国	是	顶级联赛	顶级联赛冠军 vs. 国家杯冠军
英格兰	是	足协	顶级联赛冠军 vs. 国家杯冠军
瑞士	否	–	–
波兰	是	顶级联赛	顶级职业联赛冠军 vs. 国家杯冠军
乌克兰	是	顶级联赛	顶级联赛冠军 vs. 国家杯冠军
挪威	否	–	–
突尼斯	是	足协	顶级联赛冠军 vs. 国家杯冠军
科特迪瓦	是	足协	顶级联赛冠军 vs. 国家杯冠军
佛得角	是	足协	顶级联赛冠军 vs. 国家杯冠军
南非	是	顶级联赛	上个赛季的联赛八强球队
赞比亚	是	足协	顶级联赛冠军 vs. 国家杯冠军
塞内加尔	是	无相关信息	无相关信息
喀麦隆	否	–	–
肯尼亚	是	无相关信息	顶级联赛冠军 vs. 国家杯冠军
肯尼亚	是	顶级联赛	上个赛季的肯尼亚超级联赛八强
印度	否	–	–
印度尼西亚	是	无相关信息	顶级联赛冠军 vs. 国家杯冠军
新加坡	是	足协	顶级联赛冠军 vs. 国家杯冠军
日本	是	顶级联赛	顶级联赛冠军 vs. 国家杯冠军
澳大利亚	否	–	–
卡塔尔	是	顶级联赛	上个赛季的卡塔尔明星联赛四强球队
墨西哥	是	顶级联赛	顶级联赛冠军 vs. 国家杯冠军
美国	否	–	–
洪都拉斯	否	–	–
牙买加	否	–	–
巴西	否	–	–
智利	否	–	–
委内瑞拉	否	–	–
新西兰	是	足协	常规赛冠军 vs. 季后赛冠军
巴布亚新几内亚	否	–	–

    在我们找到有效信息的 18 个足协成员举办的超级杯中，有 8 个超级杯是由足协举办的，10 个超级杯由顶级职业联赛举办。在顶级职业联赛采用自我管理的协会模式或独立实体

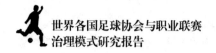
模式的国家／地区，超级杯往往主要由职业联赛举办（11个国家——意大利、法国、德国、乌克兰、波兰、南非、肯尼亚、新加坡、日本、卡塔尔和墨西哥），而西班牙和英格兰的超级杯则由足协组织举办。

1.4 青年足球赛和女子足球赛

在我们调查的32个国家中，有两种青年足球赛的组织模式：

在第一种模式中，足协负责全部国家级青年足球赛的组织。

在第二种模式中，顶级职业联赛组织青年精英足球赛，而足协（或其他实体）组织其他的青年足球赛。

最常见的是第一种模式，在调查的32个国家中，有24个国家／地区由足协负责组织全部青年足球赛。其他的例子如下表：

表21　　　　　　　　青年足球赛

国家／地区	赛事组织者
英格兰	英超联赛组织精英青年足球赛（U-21及U-18）
意大利	意甲联赛组织精英青年足球赛（U-19）
乌克兰	甲级联赛组织精英青年足球赛（U-21及U-19）
印度尼西亚	印度尼西亚超级联赛组织精英青年足球赛（U-21）
日本	日本联赛组织精英青年足球赛（U-18，U-16，U-15，U-14及U-13）
墨西哥	墨西哥甲级联赛组织精英青年足球赛（U-20及U-17）
美国	美国足协大职业联赛（美国足协）有自己的"发展学院"，美国足协的附属组织机构以及学院／大学协会也组织青年足球赛。
智利	全国职业足球协会组织精英青年足球赛（从U-8到U-19）

当一个职业联赛组织它自己的青年足球赛时，其水平通常是精英级别的。这样的青年比赛往往由采用自我管理的协会模式或独立实体的模式的联赛来组织。较低水平的青年足球赛几乎都由足协组织。然而一些较低级别的职业联赛有时也会组织它们自己的青年足球赛。以英格兰的乙级职业联赛为例，它组织举办自己的 U–18 足球比赛，名为"青年足球同盟"。不过，国家级的青年杯仍然由英格兰足协组织举办。

美国是一个特例。因为当美国足协组织精英足球职业比赛时（足校联赛为 U–13/14,U–15/16, 以及 U–17/18），其他美国足协的附属机构（美国青年足球、美国青年足球组织、美国俱乐部足球等）也组织青年足球赛。而且如同美国的每一种主要运动一样，足球也有学院和大学球队。学院和大学的运动协会（美国全国大学生体育协会、北美大学校际体育运动协会等）也组织全国范围内的青年足球赛。

在本报告的调查范围内，所有的女子足球赛都由各国足协组织举办。[1] 但是在意大利，足协女子足球部组织全国业余女子足球赛。而且如本研究报告在第一部分所述，在美国，顶级职业联赛全国女子足球职业联赛由美国足协管理，但墨西哥和

---

1 关于墨西哥女子足球赛事的信息缺失。

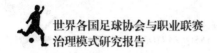
加拿大的足协也提供经费。然而，较低级别的冠军赛是由独立实体的联赛管理的。例如，女子联赛是由美国足球联赛管理，女子甲级足球联赛是由美国女子职业足球联赛管理，美国业余足球协会的女子足球联赛是由该协会管理的。

2. 球员身份

为了了解是足协还是职业联赛负责处理球员身份的问题，我们研究了与以下几点（非详尽的清单）有关的联赛和足协的有关规定：

- 球员身份（业余或职业）

- 球员注册（球员资质、转会和准入）

- 合同稳定性（合同终止）

- 未成年人保护

- 培训补偿和联合补偿机制

- 球员资格

- 薪酬

- 约束机制（本土球员、青训球员、球员名单等）

这些规定主要根据国际足联《关于球员身份及转会的规则》所制定。各国足协的规定应当包括来自国际足联《关于球员身份及转会的规则》的一些强制性条文并应当交国际足联批准。[1]
在一些情况下，职业联赛会制定一些关于球员身份问题的更具
体的规定。这些规定必须与国际足联和该国足协的规定一致。
整体而言，职业联赛的规定在施行前必须由足协批准。

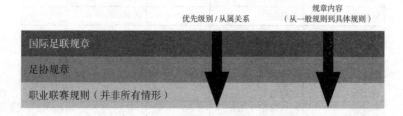

图 6　规定球员身份的法规常见模型

我们发现，在国家层面上管理球员身份的模式主要有两种：

● 在足协模式中，完全由足协按照国际足联的规定单独
颁布有关球员身份的规定。

● 在足协与职业联赛混合的模式中，职业联赛会在足协
的规定中加入更具体的球员身份的条款。

下表将根据上述两种模型分类：

1　http://www.fifa.com/aboutfifa/officialdocuments/doclists/laws.html#transferts，最后访
问于 2013 年 11 月 8 日。

表22　　　　　　　　主管球员身份问题的主体

足协模式		足协与职业联赛混合模式		其他
意大利	印度	西班牙	日本	法国
波兰	印度尼西亚	德国	墨西哥	
挪威	新加坡	英格兰	洪都拉斯	
突尼斯	澳大利亚	瑞士	美国	
科特迪瓦	卡塔尔	乌克兰	智利	
佛得角	牙买加	南非		
塞内加尔	巴西			
喀麦隆	委内瑞拉			
肯尼亚	新西兰			
赞比亚	巴布亚新几内亚			

如前概述，足协模式是指在一个国家中，所有与球员身份问题相关的条例规则均由足协制定和管理。例如，在新西兰，新西兰足协的第5号条例（球员身份）与第10号条例（国家职业联赛规定）对球员身份的问题作出了指示。第5号条例侧重处理如下问题：

● 注册

● 注册期

● 球员护照

● 球员转会

● 非注册球员

● 纪律处罚停赛的强制执行

- 转会费

- 培训补偿

- 允许球员参加为国家队的比赛

- 来访球员

在第 10 号条例中，新西兰足协为全国联赛球员名单设置了约束机制，条文如下：

8.1 在每一个全国联赛的赛季中，每一个有权参赛的俱乐部应当列明球员名单并与球员签订合同（按照第 8.11 条签订），一队球员最多 25 名（"参赛俱乐部球员"），其中必须包括 5 名如第 8.2 条定义的青训球员。而且，每一个参赛俱乐部在每场比赛的球员名单上应当至少包括 2 名青训球员。

在新西兰——如同许多其他国家一样——新西兰足协复制国际足联的球员身份的规定，并加上一些更具体的规定。一些国家的足协（科特迪瓦、佛得角、赞比亚、巴布亚新几内亚）全文复制国际足联的规定，并不加上任何额外的条文。例如，科特迪瓦足协的规章第 7 条规定：

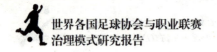
第 7 条

科特迪瓦足球协会执行委员会依据《国际足联运动员
身份及转会规则》管理运动员身份及其转会方式。[1]

在每一个采用协会模式并由足协管理的联赛中，球员身
份规定均采用足协管理的模式。这是因为足协负责职业联赛
管理的方方面面，因此足协管理球员身份也就十分正常。另外，
一些自我管理的职业联赛（包括自我管理的协会模式和独立
实体模式）的球员身份的问题也由足协的规定来调整。这些
主要体现在意大利、塞内加尔、喀麦隆、卡塔尔（这些国家
均是自我管理的协会模式）和波兰、肯尼亚、印度尼西亚（独
立实体模式）。

在足协与联赛混合模式中，联赛颁布球员身份的规定是为
了将国际足联和足协的现存规定更加精确化和严格化。这种模
式仅在一些采用自我管理的职业联赛模型和独立实体模式的国
家中出现。例如南非国家足球职业联赛规章有一整章《球员身
份、球员注册与球员转会》。第一段规定：

1　原文为法语。

23.1 本规则适用于球员身份和资格、球员在职业联赛管辖范围内的俱乐部之间转会以及在上述俱乐部与南非足协或其他国家级职业联赛的俱乐部之间转会。

23.2 这些规则在南非共和国宪法及其相关法律规定的范围内执行国际足联规则。

而且，南非足协《关于球员身份与球员转会的规定》进一步规定：

1.1 本规定适用于球员身份和资格，也适用于球员在南非足协管辖范围内的俱乐部之间转会以及在上述俱乐部与其他国家级职业联赛的俱乐部之间转会。

这些例子表明，职业联赛可以自己发布的关于球员身份的规定。不过，职业联赛发布的规定不得与国际足联和本国足协规定相冲突。

洪都拉斯在足协与职业联赛模式中是一个特例。职业联赛发布球员身份的规定，却不发布与培训补偿相关的规定。

后者是由全国足球仲裁庭制定，这是洪都拉斯足协管理的独立仲裁庭。

在法国，球员身份的规定比较特殊。与其他足协—职业联赛混合模式的国家一样，法甲联赛有其自身的规定。然而，标准的全国性规定不是由法国足协一家单独制定的，而是由法国各个涉及足球管理的机构共同制定的一个汇编性文件，这份《职业足球宪章》由下列机构联合制定：

- 法国足协

- 顶级职业联赛

- 职业足球俱乐部联盟

- 职业足球运动员全国工会

- 教练全国工会

- 足球职业技术经理人

这个文件涵盖了所有与职业足球相关的雇佣问题及因此产生的球员身份问题。

各国的法律也会对足球治理产生影响。在球员资格与国籍挂钩的情况下，必须考虑一些国家的法律。例如在适用欧盟法律的情况下，在博斯曼判决之后，一个足协或职业联赛限制某名欧盟球员效力某个球队已是不可能的了。然而一些足协或职业联赛制定了一些特殊规定来保护本土球员。

在瑞士,瑞士足球联赛的瑞士足球联赛运动员资质规则规定,在一个俱乐部注册的 25 名球员中,最多只能包括 17 名非本土培训的球员。本土培训的球员是指在瑞士足球协会俱乐部注册 3 个赛季以上的球员,或者在 15 周岁到 21 周岁之间在上述俱乐部注册了 36 个月的球员。

在意大利,非欧盟球员由全国移民法规限制。这些法规限制了每年能注册的职业运动员的数量。意大利奥林匹克委员会负责确定每个运动协会可以得到的外援的名额,其中就包括意大利足协。之后,意大利足协制定细则将这些名额分配到各个足球俱乐部。

3. 纪律程序

职业足球纪律处罚案件通常都是归于一个共同的模式。一审决定是由纪律委员会做出决定的,而二审决定则是由上诉委员会做出。在少数案件中,三审法庭最终裁决争议。如果有必要,案件可能最终由一个仲裁庭裁决。

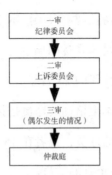

图7 足球常见纪律程序

在本部分中，我们讨论了足协还是职业联赛负责从一审到二审，甚至三审的纪律程序。这有3种类型：

● 在足协模式中，足协负责纪律程序的所有步骤。

● 在职业联赛模式中，职业联赛负责纪律程序的所有步骤。

● 在混合模式中，联赛有其自身的纪律委员会，但上诉委员会由足协管理。

根据3种主要的模式，所调查的足协的分布如下表所列：

表23 **管理纪律程序的实体**

足协模式		职业联赛模式	混合模式	其他
英格兰	新加坡	瑞士	意大利	西班牙
乌克兰	澳大利亚	喀麦隆	法国	德国
挪威	卡塔尔	美国	波兰	日本
突尼斯	墨西哥	智利	南非	巴西
科特迪瓦	洪都拉斯		塞内加尔	
佛得角	牙买加		肯尼亚	
赞比亚	委内瑞拉			
印度	新西兰			
印度尼西亚	巴布亚新几内亚			

在足协模式中，基本纪律处罚体系是由一个纪律委员会和上诉委员会构成。以赞比亚的情况为例，《赞比亚足协规章》第 45 条规定：

> 1. 赞比亚足协的纪律处罚体系是：
>
> i. 纪律委员会
>
> ii. 赞比亚足协理事会上诉委员会
>
> iii. 仲裁庭

在一些国家里，纪律处罚程序分别由几个有明确权限的实体来执行。例如在牙买加，牙买加足协关于顶级职业联赛的规则规定，如果争议与其他牙买加足协一审机构（投诉与纪律委员会）无关，则比赛委员会可以作为一审机构审理并作出处罚（赔偿金、罚款等）。上诉则由牙买加足协上诉委员会独家受理。

采取这种纪律程序的足协，大多是采用本研究报告第一章所述的足协管理的职业联赛模式作为顶级职业联赛结构的国家。然而其他职业联赛也有使用这种模式的，如乌克兰、卡塔尔、墨西哥和洪都拉斯（即自我管理的协会模式的联赛），德国、英格兰和印度尼西亚（联赛为独立实体的国家／地区）也使用。如在英格兰，足协审理了大部分纪律案件。然而，一些足协规

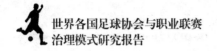
定来加以规定的"场外"的争议是由职业联赛（英格兰超级联赛）来审理这些案件。

在采用职业联赛负责纪律模式的国家中，纪律程序可以是传统的一审和二审由不同的机构审理。以喀麦隆为例，甲级足球联赛有传统的纪律体系，即一审"纪律委员会"及二审"上诉委员会"。瑞士足协的章程第16条对此作出了规定。瑞士足球职业联赛有6个一审机构（俱乐部准入委员会、纪律处罚法官、纪律委员会主任作为独任法官、纪律委员会、球员资格委员会、转会委员会）和2个二审机构（准入上诉委员会和上诉法庭）。

在职业联赛负责纪律处罚模式的国家中，两个国家有独特的特征：

● 美国职业足球大联盟有一个纪律委员会但没有二审机构。美国职业足球大联盟主席本人是二审机构，并在必要的情况下做出终审裁决。

● 在智利，智利顶级职业联赛有3个一审机构：纪律争议仲裁庭、财产争议仲裁庭和名誉争议仲裁庭。然而在智利职业联赛和智利足协的文件中，我们没有找到任何二审机构。

在职业联赛—足协混合模式中，联赛经常负责职业足球纪律程序中的一审，而足协负责上诉审理。以南非为例，一审决定由国家足球联赛的纪律委员会作出，或由国家足球联赛的争议解决委员会作出。然而，若各方对决定有异议，则由南非足协上诉委员会作出二审决定。在意大利，"场内"争议按照职业联赛—足协模式处理，但更"严重的"案件会被另案处理，并且是一案一审。

从纪律程序的角度来看，所有采取足协—联赛模式的都是协会模式的联赛或者独立实体联赛。

在德国和日本，纪律处罚权由足协和联赛分享。在德国，足协负责比赛中发生的纪律处罚，职业联赛负责违反俱乐部准入的处罚。在日本，职业联赛通常处理日常争议事项（暂停资格、处罚等），而足协负责处理所谓的"严重的"案件（贪腐、操纵比赛等）。每一个实体的管辖范围通常由它们各自的规章确定。

最后，有两个国家有其特别的纪律程序：

● 在西班牙，一审和一审机构都是顶级职业联赛的组成部分。然而，有一个第三审机构，即西班牙体育纪律委员会，这是由西班牙政府管理的机构。

● 在巴西，所有的纪律处罚都是由巴西政府负责体育争议解决的政府机关作出。

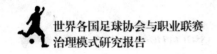
接下来我们来研究体育仲裁这个重要话题。

4. 体育仲裁

在体育运动中，当一项争议经过一审、二审（或者可能三审）仍未解决，则双方常常诉诸于仲裁庭。位于瑞士的国际体育仲裁院是体育运动争议的最高争议解决机构。然而在一些国家，体育主管机关有自己的仲裁庭。争议双方在诉诸瑞士国际体育仲裁院之前可以在这些仲裁庭先行解决。

《国际足联规则》规定[1]，足协或职业联赛必须承认瑞士国际体育仲裁院为终局仲裁法庭。《国际足联规则》第68条规定，各足协必须在各自的法规中加入仲裁条款。当顶级足球赛事的各方发生争议时，我们的调研表明主要有4类机构负责仲裁庭的管理：

- 足协

- 顶级职业联赛

- 有关体育机构：全国奥林匹克委员会或全国运动司法机构

- 国际体育仲裁院（若仲裁是必须的，足协可以直接将争议提交给国际体育仲裁院）

1　http://fr.fifa.com/aboutfifa/organisation/statutes.html，最后访问于2013年12月3日。

表 24　　　　　　　　仲裁程序中的管理机构

足协		职业联赛	有关体育机构	国际体育仲裁院	其他
英格兰	赞比亚	西班牙	意大利	瑞士	德国
波兰	印度		法国	乌克兰	日本
挪威	印度尼西亚		突尼斯	委内瑞拉	新加坡
科特迪瓦	澳大利亚		巴西		墨西哥
佛得角	卡塔尔				美国
南非	洪都拉斯				新西兰
塞内加尔	牙买加				
喀麦隆	智利				
肯尼亚	巴布亚新几内亚				

在第一类别中，足协创建自己的仲裁庭。6 个足协（波兰、挪威、科特迪瓦、塞内加尔、澳大利亚和洪都拉斯）有永久仲裁庭。其他足协的规章规定，当它们认为有必要时，"应当创建"仲裁庭。例如，《巴布亚新几内亚足协规章》关于与争议仲裁相关的第 50 条规定：

巴布亚新几内亚足球协会应当创建一个仲裁庭，用以处理所有的巴布亚新几内亚国内涉及足协、其成员、球员、官员、赛事、球员经纪人之间的尚未处于国家司法机构管辖权内的争议。执行委员会应当起草关于仲裁庭构成、裁决和程序规则。

采取类似方式的国家有佛得角、南非、喀麦隆、肯尼亚、赞比亚、印度、印度尼西亚、卡塔尔、牙买加和智利。

西班牙职业联赛是在本次调研中唯一一个建立了自己的仲裁庭（即足球仲裁庭）的职业联赛。在意大利和突尼斯，仲裁程序由它们各自的国家奥林匹克委员会管理。在巴西，若巴西足协针对一些非常特殊的争议而必须创建一个仲裁庭，则大部分职业足球相关争议都会由国家体育仲裁法庭审理。如《巴西足协规章》第73条所述：

> 由巴西足协组建一个仲裁庭，来解决本国范围内的、宪法规定在体育法院管辖之外事项的争议。[1]

在瑞士、乌克兰和委内瑞拉，在国家级层面上没有体育仲裁庭。若有必须由仲裁庭处理的争议，则案件将会直接移交给国际体育仲裁院，如《乌克兰足协规章》第51条规定：

> 位于瑞士洛桑的国际体育仲裁院有排他性的管辖权、

---

1 原文为葡萄牙语。

作为终局仲裁机关审理所有的国际足联、欧洲足联活动中的争议，以及来自乌克兰足协上诉委员会的上诉。国际体育仲裁院不接受来自暂停 4 场比赛参赛资格或暂停 3 个月参赛资格裁决的上诉。

在另一些案例中，一些职业联赛和足协在它们的规章中提到了仲裁庭却未指出具体由哪个机构创建仲裁庭。这种情况见于德国、新加坡和新西兰。需要进一步研究的是在日本、墨西哥和美国，仲裁程序是如何进行的。

5. 俱乐部准入

俱乐部准入规定列举了俱乐部参赛的最低要求。准入许可通常由负责赛事组织的职业联赛、足协或洲际足联颁发。为了获得注册，一家俱乐部必须满足很多标准，包括体育运动、法律、财务、设施建设或者管理上的一系列条件。在此，我们讨论在调查的每一个国家中，哪个机构——职业联赛、足协或是其他机构——负责审核俱乐部注册。

各国足协或职业联赛关于俱乐部准入的规定必须融入国际

足联发布的标准条款。[1]《国际足联俱乐部准入规定》是原则性的，但必须遵守，足协和职业联赛通常会在此基础上加上具体规定。洲际足联俱乐部的准入规定也非常重要，因为俱乐部想参加洲际比赛就必须满足这些条件。因此，各国足协或联赛也会将一些洲际足联俱乐部准入的规定融入自己的规定中。

按上述信息，所调查的国家/地区分类如下：

表 25　　　　　　　　俱乐部准入审核机构

足协		职业联赛	其他
意大利	肯尼亚	西班牙	突尼斯
乌克兰	印度	法国	南非
波兰	印度尼西亚	德国	洪都拉斯
挪威	新加坡	英格兰	巴西
科特迪瓦	澳大利亚	瑞士	委内瑞拉
佛得角	墨西哥	卡塔尔	
赞比亚	牙买加	日本	
塞内加尔	新西兰	美国	
喀麦隆	巴布亚新几内亚	智利	

在第一种类别中，足协负责俱乐部准入。以墨西哥为例，该国足协规定的第 6 条明确规定了职业足球俱乐部为参加墨西哥顶级职业联赛而所必须达到的条件：

1　http://fr.fifa.com/aboutfifa/officialdocuments/doclists/laws.html#transferts，最后访问于 2013 年 11 月 27 日。

注册证书是对俱乐部参赛资格的确认。在满足墨西哥足协组织规章、本规定和其他有关规定的条件下，由墨西哥足球协会将该证书颁发给职业俱乐部或者国家级的业余爱好者协会。[1]

注册证书是不可转让的、不得共同所有的权利凭证。该证书不得以任何形式或者由证书所有者实施的任何法律行为转让给他人。

当在一些国家（意大利、波兰、挪威、喀麦隆、塞内加尔、赞比亚、墨西哥和新西兰），由足协管理俱乐部准入的做法已经建立起来的时候，其他国家（科特迪瓦、佛得角、肯尼亚、印度尼西亚、新加坡、澳大利亚、牙买加和巴布亚新几内亚）仍然是在筹备之中。在这些例子中，有关规章规定足协应当管理俱乐部准入规则，如《澳大利亚足协规定》第38条规定：

1 澳大利亚足协应当根据亚足联与国际足联关于俱乐部准入的原则管理俱乐部准入体系。

2 俱乐部准入体系的目标是保护俱乐部比赛的诚实信

---

1 原文为西班牙语。

用，提高澳大利亚俱乐部的专业水平，按照公平竞争、营造安全比赛环境的原则提升运动价值、提高俱乐部的财务、所有权、控制权的透明度。

3 澳大利亚足协应当发布管理俱乐部准入体系的规定，如澳大利亚足协规章附件 K 所示。俱乐部准入规定应当说明俱乐部准入体系适用于哪些俱乐部。在最低限度上，俱乐部准入体系应当适用于参加亚足联组织的赛事的俱乐部。俱乐部准入部门应由初审和复核部门组成。这些俱乐部准入部门的委员应当由足协执委会指派。

由足协负责俱乐部准入出现在各种联赛模式中——足协管理的联赛模式（挪威、科特迪瓦、佛得角、赞比亚、印度、澳大利亚和新西兰），自我管理的联赛模式（意大利、喀麦隆、塞内加尔和墨西哥），以及独立实体联赛（波兰、肯尼亚、印度尼西亚和牙买加）。

而由联赛负责俱乐部准入的国家 / 地区里，这些联赛往往采用的是自我管理的协会模式（西班牙、法国、德国、瑞士、日本、卡塔尔和智利），或者是独立实体联赛模式（英格兰和美国）。以卡塔尔为例，卡塔尔星级联赛管理公司负责俱乐部准入程序，如《卡塔尔俱乐部准入法规》第2.1条规定：

> 2.1.1 卡塔尔星级联赛管理公司负责卡塔尔星级联赛管理机构俱乐部准入体系，并应选任相关的行政管理和决策机构。
>
> 2.1.2 准入审核程序由俱乐部提交文件的部分和塔尔星级联赛管理公司主持的审计部分组成。

在卡塔尔，如同许多亚洲和欧洲国家，洲际足联（这里指的是亚足联）俱乐部准入标准已融入卡塔尔足协的规定中，正如《卡塔尔俱乐部准入条例》第1.1条规定：

> 本条例适用于卡塔尔星级联赛管理俱乐部准入体系内各方的权利、义务及职责，并特别规定：
>
> （……）
>
> c) 为了获得准入参加卡塔尔星级联赛和亚足联俱乐部职业联赛的资格，俱乐部须满足有关的运动、设备设施、人事、管理、法律、财务的最低标准。

还有一些例子是，俱乐部准入程序由足协和职业联赛分工管理。例如在英格兰，英格兰足协负责欧洲足联的俱乐部准入规定及任何英格兰足协文件规定的规则。[1] 而涉及俱乐部准入的另外一些方面（财务、俱乐部所有权、设备设施等）则由英格兰超级联赛管理。

在俱乐部准入管理模式的最后一种类别中，有不同的情况：

● 在委内瑞拉，由国家法律规定部分内容。委内瑞拉足协也发布一些俱乐部准入的规定。

● 在巴西，我们没有找到任何国家层面的俱乐部准入体系。但 27 个州的地区协会有它们自己的俱乐部准入规定。

● 在南非，《南非足协规章》规定，"南非足协应当按照国际足联和非足联关于俱乐部准入的原则管理俱乐部准入体系"（第 79 条），这和前面所述的其他一些由足协管理俱乐部准入的国家一样。但是南非顶级职业联赛也颁布了一些俱乐部加盟其职业联赛的特别规定，如俱乐部的所有权和基础设施的检查等。

综上，从本章的讨论可以看出，联赛往往在全国性的立法层面很难独立行动。在某些场合下，联赛可以独立行动的时候也仅仅限于那些有实力的联盟（诸如在协会模式下财务独立的

---

[1] 2013 年 11 月 27 日与英国足联足球服务部主任 Jonathan Hall 邮件交流。

联赛或者是独立实体模式下的联赛）。尽管这些有实力的联赛可能并不能如愿得以独立行事，但它们总能通过某种方式与国家足协达成某种共识，因此就产生了这样混合型的决策过程。

足协在这些涉及足球的规章制度起草的领域仍然维持相当重要的话语权，因为它们是国家层面上最高的足球管理机关。尽管随着一些联赛及其某些俱乐部[1]在国际上的影响力日益增加，各国足协仍然是洲际足球联合会中的主要互动方，而且这些洲际足球联合会（欧足联冠军杯、南美解放者杯、亚足联冠军杯等）掌握着谁能参加它们举办的收益丰厚的洲际比赛的决定权。

1　例如，近年来在 G–14（一个代表多个欧洲豪门俱乐部的组织）的压力之下，欧洲俱乐部获得了欧足联职业足球策略委员会中的一个投票权。该委员会对诸多欧洲赛事的事务有决定权。

第四章 联赛的内部治理

在前面的章节中我们关注足协和联赛的关系及联赛在足协中的代表。这一章介绍了各个利益相关方在联赛内部治理机构中代表情况。本章分为两部分。

第一部分是介绍完全由足协管理的联赛（即足协管理的协会模式）。该部分介绍了足协组织内的联赛管理机构——如常务委员会、办事处等——和附属于足协的其他利益团体。

第二部分是介绍非由足协管理的职业联赛（即自管的协会模式和独立实体模式）及其执行委员会和会员大会，包括执行委员会、选举或任命程序、任期和主席／首席执行官／执行委员会的权利，以及俱乐部加入／退出职业联赛的机制及其给职业联赛管理带来的影响。

下表根据职业联赛的结构模式和第四章各部分的研究情况介绍了职业联赛的划分。

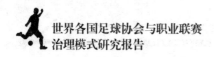
表 26　　　　　　根据第四章分析的职业联赛划分

足协管理的职业联赛（足协管理职业联赛模式）（第四章讨论）	独立管理的职业联赛（自管的协会模式及动力实体模式）（第四章研究）
挪威足球联赛	西班牙甲级联赛
突尼斯足球职业联赛	意大利甲级联赛
科特迪瓦职业联赛	法国甲级联赛
佛得角全国冠军赛	职业足球甲级职业联赛（德国）
赞比亚顶级联赛	英格兰超级联赛
印度足球超级联赛	瑞士足球职业联赛
新加坡足球联赛	波兰足球顶级联赛
澳大利亚足球联赛	乌克兰顶级联赛
巴西冠军赛	南非国家足球联赛
委内瑞拉甲级联赛	塞内加尔职业足球联赛
新西兰国家联赛	喀麦隆职业足球联赛
巴布亚新几内亚国家足球联赛	肯尼亚顶级联赛
	印度尼西亚超级联赛
	日本职业足球联赛
	卡塔尔星级联赛
	墨西哥职业联赛
	美国职业足球大联盟
	牙买加职业足球联赛
	洪都拉斯足球职业联赛
	智利全国职业足球联赛

1. 内部治理：协会模式下由足协管理的联赛

在题述模式中，职业联赛完全由足协管理。因此联赛通常不是由执行委员会或会员大会管理，而是由足协中的专门机构管理。如这一部门可以是一个直接向足协执行委员会汇报的常务委员会或有特定的办公室的一个专门办公室。

表 27 足联管理的联赛[1]

职业联赛	足协结构中的管理实体	成员人数	选举、任命程序
挪威足球联赛	竞赛部	未知	由挪威足协秘书长任命该部门负责人
突尼斯全国足球职业联赛	联赛办公室	12	由足协执行委员会任命4名成员，并由俱乐部选举8名成员
科特迪瓦职业联赛	职业联赛办公室	15	由足协执行委员会任命
佛得角全国冠军赛	足协组织委员会	未知	由足协执行委员会任命
赞比亚顶级职业联赛	足协顶级职业联赛及组织委员会	12	由足协执行委员会任命11名成员，裁判委员会任命1名成员
印度足球超级联赛	足协联赛委员会	未知	足协执行委员会任命
新加坡联赛	新加坡联赛主席	1	足协执行委员会任命
澳大利亚联赛	足协联赛部	未知	由足协的主席任命该部门负责人
巴西冠军赛	竞赛部	未知	未知
委内瑞拉甲级联赛	全国冠军赛委员会	12	由足协执行委员会任命6名
新西兰国家联赛	足协赛事经理	1	由足协主席或秘书长任命
巴布亚新几内亚国家足球联赛	联赛委员会	未知	主席及秘书长是当然成员，其他成员由执行委员会任命

下述 5 个顶级职业联赛是由属于足协的常务委员会管理（佛得角、赞比亚、印度、委内瑞拉和巴布亚新几内亚）：

● 佛得角联赛组织委员会的委员由该国足协执行委员会任命。

---

1 在挪威和澳大利亚，国家足协中负责联赛管理的部门由国家足协的雇员组成。这些人不代表任何足球利益群体，因此我们只分析了部门主任的选任程序，其他雇员的人数和选任程序不在本次研究范围之中。

● 赞比亚职业联赛和组织委员会由 12 个委员组成，包括
1 个主席、1 个副主席、1 个财务官和 8 个其他委员，都是由
足协执行委员会任命。其他委员由赞比亚裁判员协会任命。

● 印度联赛委员会由印度足协执行委员会任命，印度联
赛需要与印度足协协商建立下属委员会（紧急情况处理委员会、
裁判委员会等）。为了职业联赛的日常管理，印度足协任命 1
名首席执行官、2 名经理和 2 名助理。

● 委内瑞拉足协的联赛委员会由 12 名委员组成：6 名由
足协任命，其他 6 名是俱乐部代表（4 个来自甲级联赛俱乐部、
2 个来自乙级联赛俱乐部）。委员会不仅仅组织和管理顶级职
业联赛，也组织和管理全国范围的所有联赛。

● 巴布亚新几内亚足协全国足球职业联赛委员会的委员
由其足协执行委员会任命。足协的主席和秘书长是委员会的当
然委员。1 个商业发展经理、1 个赛事经理和 1 个赛事助理负
责职业联赛的日常管理。

在新西兰，新西兰足协任命 1 名经理负责职业联赛的管理。
在巴西，巴西足协竞赛部主任承担相似的职能。

在挪威和澳大利亚，足协负责管理和组织职业联赛。由足
协内的各方面专家支持的澳大利亚职业联赛部负责各种联赛事

务的管理（运营、活动、票务、足球服务、市场、融资、合规、纪律处罚、媒体和裁判员）。同样，挪威足协赛事部由 5 个部门组成（俱乐部准入、法律和合规、转会和保险、裁判员和代表、赛程和定期体育活动）。在澳大利亚，联赛部一把手也是职业联赛的主席，并由足协的主席向足协董事会提名后任命。在挪威，联赛部一把手由足协秘书长任命。

在新加坡，新加坡联赛由足协执行委员会任命的 1 名主席管理。主席负责联赛日常的运作，并向足协执行委员会汇报。而涉及新加坡联赛俱乐部的准入和退出的管理决定，则由新加坡足协执行委员会决定。

在突尼斯和科特迪瓦，足协将管理事务委托给 1 个有独立行政管理部门的实体。这一实体完全是足协的一部分。如：突尼斯全国职业足球联赛有自己的主席、副主席和财务主任，它管理和组织在突尼斯举办的职业足球比赛，但受突尼斯足协执行委员会的控制。突尼斯联赛委员会由 12 个独立委员组成。[1] 4 个委员由足协执行委员会根据突尼斯体育部长的意见任命，其

1　在第四章中，"独立会员"指的是不归属于任何足球利益群体的人，如足协、职业联赛、俱乐部、区域性协会、球员／裁判／教练协会等。这些人可以是商人、律师、研究员、审计、医生等。

他 8 个委员仍然由全国职业足球联赛会员大会选举。该会员大
会是所有职业俱乐部的大会。足协的联赛委员会设立一些常委
会负责职业联赛的管理和组织。

在科特迪瓦，足协的职业足球委员会由 15 个委员组成，
另有 6 个顾问和 1 个行政助理。它受科特迪瓦足协控制，其组
成由足协执行委员会决定。

通过对上述 5 个都是在足协常设委员会下面运行的顶级联
赛，及一些其他被调研国家的特殊情况的描述，我们可以看出
足协运营的联赛机构组织有着各不相同的情形。现在我们来研
究不是被足协管理的联赛。

2. 内部治理：协会模式下自我管理的联赛及独立实体联赛

这个部分将要研究联赛内部治理的 4 个方面：

- 执行委员的组成

- 执行委员会的权力

- 会员大会的组成

- 联赛成员的准入和退出机制

在自管的协会模式或独立实体模式下的职业联赛有独立于

足协的管理机构。但两者的内部管理是不同的。

在大多数情况下，自管的协会模式联赛有一个标配：一个包括俱乐部组成的会员大会和由会员选举出来的执行委员会。独立实体模式的联赛有一个公司管理体系，会员大会等同于股东大会，执行委员会是董事会。自管的协会模式的联赛的执行委员会由俱乐部代表组成，董事会多数是由在俱乐部内部没有任职的独立人士组成。

正如前面所说的那样，自我管理的协会模式和独立实体模式联赛有不同的管理体系。因此，在上述 4 个方面，我们将分别分析这两种联赛。

表 28　　　　　　　　独立职业联赛模式结构

协会下自管模式的联赛	独立实体模式
西班牙甲级职业联赛（西班牙）	英格兰超级职业联赛（英格兰）
意大利甲级职业联赛（意大利）	波兰足球顶级职业联赛（波兰）
法国甲级职业联赛（法国）	南非全国足球职业联赛（南非）
德国甲级联赛（德国）	肯尼亚顶级联赛（肯尼亚）
瑞士足球联赛（瑞士）	印度尼西亚超级联赛（印度尼西亚）
乌克兰顶级联赛（乌克兰）	美国职业足球大联盟（美国）
塞内加尔足球职业联赛（塞内加尔）	牙买加职业足球联赛（牙买加）
喀麦隆足球职业联赛（喀麦隆）	
日本足球职业联赛（日本）	
卡塔尔星级联赛（卡塔尔）	
墨西哥联赛（墨西哥）	
洪都拉斯全国足球职业联赛（洪都拉斯）	
智利全国足球职业协会（智利）	

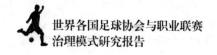
2.1 联赛执行委员会

鉴于自管的协会模式下的联赛和独立实体职业联赛的管理体系不同，我们要将它们分别分析。

对于自管的协会模式职业联赛来说，执行委员会的委员数量从 7 名到 25 名不等：

表 29　职业联赛执行委员会的会员数量（自管的协会模式）

职业联赛	执行委员会成员人数
西班牙甲级联赛（西班牙）	17（＋其他非选举产生的成员）
意大利甲级职业联赛（意大利）	11（＋其他非选举产生的成员）
法国甲级职业联赛（法国）	25（＋其他非选举产生的成员）
德国甲级职业联赛（德国）	9
瑞士足球联赛（瑞士）	9
乌克兰顶级联赛（乌克兰）	由足协会员大会决定
塞内加尔足球职业联赛（塞内加尔）	未知
喀麦隆足球职业联赛（喀麦隆）	13
日本足球职业联赛（日本）	21
卡塔尔星级联赛（卡塔尔）	5
墨西哥联赛（墨西哥）	15
洪都拉斯足球甲级职业联赛（洪都拉斯）	10
智利全国职业足球协会联赛（智利）	7

在这些委员中，基本构成是包括一位由会员大会选举的主席、由各俱乐部成员推选的俱乐部代表。在 11 个例子中，4 个职业联赛（西班牙、意大利、洪都拉斯和智利）严格遵循了这一常见构成。在瑞士，瑞士足球联赛执行委员会的委员不

是俱乐部的直接代表，而是由俱乐部提名。在德国，"德国足球职业联赛"（顶级职业联赛）的执行委员会有俱乐部代表和德国足球职业联赛协会的一个附属机构管理董事会的两名会员（依职权成为当然会员）组成。

在其他例子中，委员会由足协和利益团体的代表（法国、喀麦隆和日本）组成。这些例子中，足协代表在法国占8%，在喀麦隆占15%，在日本占14%。

利益团体的代表包括：

● 法国职业联赛执行委员会中有球员、教师、俱乐部主管、裁判员、俱乐部医生、行政人员和独立人士（商人、律师和足球基金会的1位会员）

● 喀麦隆职业联赛中有球员、教练和裁判员代表

● 日本职业联赛中有独立人士（商人、研究人员和审计师等）

智利全国职业足球联赛的执行委员会也包括智利足协的代表。然而该执行委员会任命程序与前面的例子不同，因为联赛执行委员会的委员是智利足协的当然委员。实际上，在当选智利联赛秘书长的同时，联赛主席将自动被任命为足协主席，同时两名联赛执行委员会的委员自动被任命为足协执行委员会的

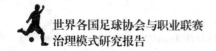

委员。卡塔尔的情形相似，卡塔尔职业联赛主席也是卡塔尔足协主席。同时，卡塔尔星级联赛执行委员会的两位委员也是卡塔尔足协理事会的委员。

在乌克兰，联赛执行委员会的委员由联赛会员大会选举。乌克兰职业联赛规章没有明确地说明这些委员必须附属于任何足球利益团体。

有3个职业联赛执行委员会（西班牙、意大利和法国）包括没有投票权的委员。这些委员是联赛内部管理部门的委员（西班牙和意大利），或者是本国足协和利益团体的代表（法国）。

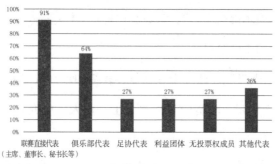

图 8　职业联赛执行委员会的利益相关方代表（自管协会模式）

关于独立实体模式下的职业联赛，其执行委员会——在这些公司里也多被称为董事会——通常比协会模式职业联赛的委员数量少。公司股东通常任命 1 名主席和 1 名总经理，他们负责职业联赛的日常管理。在一些联赛中，董事会的其他成员包括俱乐部主席、总裁（南非和牙买加）或足协的代表（牙买加）。

在波兰和英格兰，顶级职业联赛和超级职业联赛董事会分别只有两位有商业背景的独立董事。在南非，联赛董事会包括8位俱乐部代表——联赛的主席和7位俱乐部代表，1位独立董事担任主席。

牙买加顶级职业联赛是个特例，因为它是由职业联赛俱乐部协会和牙买加足协联合组成的合资公司。因此，董事会的董事分别来自这两个组织。其中3个董事来自联赛，4个董事来自足协，而联赛主席由俱乐部代表担任。

表30   职业联赛执行委员会的会员数量

职业联赛	执行委员会成员人数
波兰足球顶级联赛（波兰）	2
英格兰超级联赛（英格兰）	2
肯尼亚顶级联赛（肯尼亚）	未知
南非全国足球联赛（南非）	9
印尼超级联赛（印度尼西亚）	未知
美国职业足球大联盟（美国）	未知
牙买加职业足球联赛（牙买加）	7

在独立实体模式联赛的董事会中，只有3类利益相关方在其中有代表：独立董事（3国）、俱乐部代表（2国）和足协代表（1国）。

在自我管理的协会模式和独立实体模式的职业联赛中，执行委员会成员的任期通常从2年到4年不等，但通常可以连任。

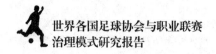

2.2 联赛行政管理权

在独立实体模式职业联赛中，董事会负责职业联赛日常管理。英格兰超级联赛的章程解释如下：

董事会权利

47. 在服从会员大会做出的决定和规章的前提下，公司事务应由董事会管理。

48. 董事会应：

48.1 管理公司事务，包括职业联赛的运作和规则的制定与执行；

48.2 行使公司的所有权力，但需要服从会员大会的政策指示；

48.3 采取必要措施实现会员大会所做出的政策指导；

48.4 当其认为恰当时，对重要的公司事务提出意见；

48.5 根据公司章程有关规定，决定公司需要遵循的各种程序。

49. 在没有获得会员大会事前授权准许的情况下，董事会不得在电视、广播、赞助商或其他交易中会员签订任何与会员利益相背的合同或协议。

50. 任何对公司章程及细则的修改，或者是会员的任何指令都不能使董事会的在先决定失效，只要这一行为在修改或指令做出之前就已经生效。

这些条款，尤其是第 47 条和第 49 条表明董事会决议不得与职业联赛会员的利益相悖。

在一些独立实体模式联赛结构中，职业联赛的管理职权或至少是其中的某一部分可以委托给职业联赛主席行使。如南非顶级职业联赛的管理就是如此，南非联赛的宪章第 8.2 条规定如下：

执行委员会可以将部分运作职能和权力委托给首席执行官。

在自管的协会模式职业联赛中，联赛执行委员会的职责与独立实体模式职业联赛的董事会类似。然而，当执行委员会负责制定与职业联赛相关的决议时，这些决议的执行在多数情况下会委托给一个个人，通常是总经理。意大利职业联赛的规章第 12.1 条列出了职业总经理的职责：

总经理是行政机构和联赛的高层管理组织的执行代表；他以自己的职责，遵守联赛杯的更高机关的决议；他领导和管理意甲职业联盟的办事处，在层级中具有优势地位；从任命之日起，他确保以合同关系规范意甲联赛的员工。[1]

最后，在某些情况下，联赛会单独设立一个管理部门来代替执行委员会处理紧急事务。这个委员会的人数要少于执行委员会委员的人数。法国甲级职业联赛中的委员会就是一个例子，其联赛规章第 34 条规定：

除行政委员会（le Conseil d'administration）的会议之外，办事处（le Bureau）还可经主席召开，以处理紧急事项，管理日常业务并在必要时调查提交行政委员会处理的决议有关问题。[2]

与足协相似，联赛的第二个重要的管理机关就是会员大会。下一部分将描述联赛的会员大会以及他们各自的代表权。

---

1 原文为意大利语。

2 原文为法语。

2.3 职业联赛会员大会

在自管的协会模式职业联赛中，会员大会通常由联赛内的俱乐部的代表组成，如下表所示。在独立实体模式的职业联赛中，会员大会是职业联赛的股东大会，由联赛的俱乐部作为股东组成，如果足协在职业联赛公司有股份，有时则包括足协的代表。

表 31　　　　　　　职业联赛的会员大会

职业联赛	俱乐部代表数量（投票权）	非俱乐部代表的会员
波兰足球顶级职业联赛	16 个俱乐部（每个俱乐部 1 票）	足协主席（1 票）与执行委员会成员（无投票权）
意大利甲级联赛	20 个俱乐部（每个俱乐部 1 票）	职业联赛主席与副主席，执行委员会成员，意甲审计委员会与联赛委员会选举产生的意甲代表（均无投票权） 未来和过去的职业联赛俱乐部，可以参加会员大会，但只能就关于其未来和过去作为职业联赛成员的事项投票
西班牙甲级联赛	20 个甲级职业联赛俱乐部（每个俱乐部 1.1 票）与 22 个乙级职业联赛俱乐部（每个俱乐部 1 票）	职业联赛主席(1 票)、秘书长、主任、足协主席与职业联赛主席嘉宾（均无投票权）
德国甲级足球联赛	18 个德甲职业联赛俱乐部与 18 个德乙职业联赛俱乐部。	无
法国甲级足球联赛	20 个法甲职业联赛俱乐部（每个俱乐部 3 票）与 20 个法乙职业联赛俱乐部（每个俱乐部 2 票）	独立与名誉成员（均无投票权）
英超职业联赛	20 个俱乐部（每个俱乐部 1 票）	职业联赛主席与首席执行官足协代表（无投票权）

职业联赛	俱乐部代表数量（投票权）	非俱乐部代表的会员
瑞士足球职业联赛	10 个超级职业联赛俱乐部与 10 个挑战职业联赛俱乐部（每个俱乐部 1 票）	职业联赛名誉成员与主席，执行委员会成员，与高级主管（均无投票权）
乌克兰联赛	16 个俱乐部（投票权：未知）	职业联赛主席（投票权：未知）
肯尼亚足球顶级联赛	16 个俱乐部（投票权：未知）	足协主席（投票权：未知）
喀麦隆职业足球联赛	14 个甲级职业联赛俱乐部（每个俱乐部 2 票）与 14 个乙级职业联赛俱乐部（每个俱乐部 1 票）	职业联赛主席、足协主席、3 名足协代表、2 名球员协会代表、2 名裁判委员会代表、2 名教练协会代表（每个人各有 1 票）
塞内加尔职业足球联赛	未知	未知
南非国家足球联赛	16 个超级职业联赛俱乐部（每个俱乐部 10 票）与 16 个甲级职业联赛俱乐部（每个俱乐部 2 票）	执行委员会成员（每人 1 票）
印度尼西亚足球超级联赛	未知	未知
日本职业足球联赛	18 个甲级俱乐部与 22 个乙级俱乐部（投票权：未知）	无
卡塔尔星级联赛	未知	未知
墨西哥职业联赛	未知	未知
洪都拉斯国家职业足球甲级联赛	10 个俱乐部（2 名代表各有 1 票）	无
美国职业足球大联盟	未知	未知
牙买加职业足球联赛	12 个俱乐部（投票权：未知）	无
智利国家职业足球联赛	18 个甲级职业联赛俱乐部（每个俱乐部 2 票）与 14 个乙级职业联赛俱乐部（每个俱乐部 1 票）	无

在所调查取得完整信息的 14 个会员大会中，德国足球职业联赛协会、日本职业联赛、洪都拉斯联赛、牙买加联赛和智利联赛只有俱乐部代表。10 个会员大会还有其他会员。在 9 个会员大会中，这些会员是来自联赛管理部门的成员，如执行委员会的委员、主席、秘书长等。一般而言，这些委员没有投票权。

在 3 个国家（波兰、喀麦隆和肯尼亚），足协在联赛会员大会也有代表。波兰和肯尼亚足协出现在它们各自的顶级联赛会员大会并不奇怪，因为足协在职业联赛公司有股份。在西班牙，足协主席可以参加联赛会员大会，但是他没有投票权。在英格兰，英格兰足协能参加超级联赛会员大会，但是没有投票权，因为其在联赛中只有 1% 的"特别股份"。英格兰超级联赛协会的规章第 7.3 条做了如下描述：

特别股东享有一个会员拥有的包括获得通知、参加会议和在会员大会发言、获得会员大会会议纪要的所有权利。特别股东在会员大会上没有投票权。

在牙买加，足协作为联赛公司的大股东在执行委员会有充

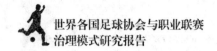

分代表（7个委员中有4位来自牙买加足协），但是在会员大会没有代表，因为会员大会全部由俱乐部代表组成。

最后，只有喀麦隆职业足球联赛的会员大会包括利益相关方的代表，即球员、裁判员、教练协会的成员一起可以参加会员大会。

2.4 职业联赛会员的准入和退出机制

一个职业联赛会员的准入和退出涉及与体育相关或不相关的标准。

关于和体育相关的标准，全国性的足球联赛通常采用升级或降级制度来选择参加每个冠军赛的球队。在这一制度中，来自特定联赛在赛季末排名垫底的俱乐部被降级到更低一级别的联赛，而来自低一级别联赛的成绩最好的球队会被升级。降级或升级的球队的数量因联赛而异。

从一个联赛降级或升级到另一个联赛并不必然导致职业联赛会员资格的改变，因为有一些职业联赛管理好几个联赛。如：一个从法国甲级联赛被降级到法国乙级联赛的俱乐部仍然是法国足球职业联赛的会员，因为法国职业联赛协会同时管理这两个联赛。然而，从乙级联赛被降级到法国三级联赛的俱乐部就不再是法国职业联赛协会的会员，而是成为法国业余联赛（完全由法国足协管理）的会员。

下表展示了被研究的各个国家的升级和降级导致相关俱乐部在职业联赛会员资格的变更。

表 32　　　　　　职业联赛升 / 降级规则 [1]

足联	升级后 / 降级前	升级前 / 降级后	降 / 升级 的俱乐部 数量	过程
英格兰	超级联赛	足球联赛联赛 （足球联赛）	3	超级联赛垫底的 3 个俱乐部降级 足球联赛前 2 名的俱乐部升级，3— 6 位的俱乐部之间争夺另一个名额
法国	二级联赛 （LFP）	国家联赛 （LFA–FFF）	3	二级联赛垫底的 3 个俱乐部降级 国家联赛最好的 3 个俱乐部升级
德国	德乙联赛 （德国足球联赛协会）	三级联赛 （DFB）	2—3	全国联赛垫底的 2 支球队降级 三级联赛最好的 2 个俱乐部升级 季后赛发生在德乙联赛垫底的 3 个俱乐部和三级联赛前 3 名的俱乐部争夺另一个名额
意大利	意甲联赛	意乙联赛	3	甲级垫底的 3 个俱乐部降级 乙级最好的 2 个俱乐部升级，另一个名额在排名 3—6 位的俱乐部间展开
波兰	顶级联赛	一级联赛 （PZPN）	2	顶级联赛垫底的 2 个俱乐部降级 一级联赛最好的 2 个俱乐部升级
西班牙	西甲联赛	西乙联赛	4	在西甲职业联赛中垫底的 4 个俱乐部被降级 季后赛在西乙职业联赛 B 组 4 个成绩最好的小组赛冠军间展开（共 16 个俱乐部）
瑞士	挑战联赛 （SFL）	一级促进联赛 （Erste Liga）	1	挑战联赛垫底俱乐部降级 一级促进联赛最好的俱乐部升级
乌克兰	乌克兰超级联赛	乌克兰第一联赛（PFL）	2	乌克兰超级联赛垫底的 2 个俱乐部降级 乌克兰第一联赛最好的 2 个俱乐部升级

1　因为升级和降级并不会导致俱乐部成员资格的变化，所以足协管理下的职业联赛不包括在上表中。在括号中，管理冠军的联赛的名字、职业联赛、冠军赛的名字有所不同。

续 表

足联	升级后/降级前	升级前/降级后	降/升级的俱乐部数量	过程
喀麦隆	第二联赛(LFPC)	地区联赛(FECAFOOT)	3	第二联赛垫底的 3 个俱乐部降级 地区联赛最好的俱乐部之间争夺 3 个名额
肯尼亚	肯尼亚超级联赛	第一联赛(FKF)	2	肯尼亚超级联赛垫底的 2 个俱乐部降级 2 个第一职业联赛两个组的冠军升级
塞内加尔	第二联赛(LFSP)	国家第一联赛(LFA–FSF)	2	国家第一联赛垫底的 2 个俱乐部降级 季后赛发生在国家第一联赛的 6 个冠军之间,争夺 2 个名额
南非	国家第一联赛(NSL)	第二联赛(SAFA)	2	国家第一联赛垫底的 2 个俱乐部降级 季后赛发生在 SAFA 第二联赛的 9 个冠军之间,争夺 2 个名额
印度尼西亚	超级联赛(ISL)	印度尼西亚第一联赛(PSSI)	未知	未知
日本	日本第二联赛(日本联赛)	日本足球联赛	1—2	日本第二联赛垫底的俱乐部降级 日本足球联赛最好的俱乐部升级 日本第二联赛垫底的 2 个俱乐部和日本足球联赛最好的 2 个俱乐部之间争夺名额
卡塔尔	卡塔尔星级联赛	第二联赛(QFA)	1	卡塔尔星级足球联赛垫底的俱乐部被降级 第二联赛最好的俱乐部被升级
洪都拉斯	国家职业足球联赛	国家业余组联赛	1	在国家职业足球联赛春季和秋季联赛成绩最差的俱乐部降级 国家业余联赛的春季和秋季冠军之间的胜者升级
牙买加	国家超级联赛(PFAJ)	地区联赛(JFF)	2	国家超级联赛垫底的 2 个俱乐部降级 季后赛发生在 4 个地区职业联赛的冠军之间,最好的 2 个俱乐部升级
墨西哥	墨西哥联赛	墨西哥晋级赛	1	在墨西哥联赛的 6 个联赛中成绩最差的俱乐部降级 墨西哥春季职业联赛和墨西哥秋季职业联赛的冠军之间的胜者升级
美国	没有升级/降级制度			
智利	第二联赛(ANFP)	第三联赛(ANFA)	1	第二联赛垫底的俱乐部降级 第三联赛的 2 个小组中最好的 2 个俱乐部之间的胜者晋级

因为与体育相关的原因而升级或降级是导致职业联赛会员资格变更的原因。升级或降级也会给俱乐部造成管理方面、基础设施方面、法律及／或经济方面的后果。如西班牙顶级职业联赛的规章第 55 条列举了获得职业联赛会员需要满足的 15 项非体育方面的要求。前 5 项要求如下所列：

1. 按照足协要求的形式制作申请表。

2. 提供由足协签发的文件证明其有意向报名加入职业运动比赛。

3. 应当支付注册费。若是第二分类 B 里的高级俱乐部，则根据足协制定的规则，按照其参与程度支付对应的费用。支付费用随着俱乐部参与而升高，或者根据其在足协的财产。

4. 满足足协规定的参与职业比赛的体育场所和服务的相关要求，并且符合《体育法》和其他规定。

5. 提供证书证明其目前仍在支付法律规定的税费和社会保险。[1]

如果俱乐部满足了职业联赛的这些要求，它就可以获得联

---

1 原文为西班牙语。

赛注册。[1]《瑞士足球职业联赛规章》第 9 条阐述了一个会员的准入或退出取决于后者是否取得注册：

> 1）取得注册证书方能够获得成员资格。
>
> 2）降级到瑞士足球协会（ASF）中除瑞士足球联赛之外的其他分组，或是注册被最终拒绝，或是在赛季末放弃这一执照，都会导致成员资格的终止。[2]

这一条款表明，失去会员资格的原因不限于降级。一个俱乐部可能会因为没有获得注册许可而被要求退出职业联赛，即使它满足了所有的运动方面的条件。

被要求退出职业联赛的其他非运动方面的原因包括违反职业联赛规章、缺少资金等。《洪都拉斯顶级职业联赛规章》第 26 条列举了这些原因和其他原因：

> 出现下列任何一种情形，俱乐部将失去国家职业足球联盟的会员资格：

---

1 关于俱乐部准入的更多细节详见第 3 章。
2 原文为法语。

a) 俱乐部明确表示放弃。

b) 俱乐部解散。

c) 由于不可归责于足联的原因，俱乐部没有参加或者退出了官方赛事。

d) 由于严重违反道德、纪律、公序良俗，由足联大会做出了除名的决定并且由足协大会批准。

e) 没有履行俱乐部在足协规章下负有的义务。

f) 俱乐部破产并且经过联赛的确认。

g) 严重违反洪都拉斯国家足球协会、中北美洲及加勒比海足球协会、中美洲足联或国际足联的规章、决议。

h) 俱乐部被降级。[1]

如果一个俱乐部因为非运动原因被降级而被迫离开了某个联赛，它将被低一级联赛的排名最高的俱乐部所代替。在这种情况下，因为非运动原因被升级的俱乐部必须同时满足成为该高级别职业联赛会员的所有非运动要求。

会员的准入和退出对职业联赛有如下影响：

● 升级的俱乐部如果满足与所有运动相关和非运动相关

1　原文为西班牙语。

的要求就会成为职业联赛的新会员。俱乐部代表有参加联赛会员大会（有时是足协会员大会）的权利。有时它们也能够进入职业联赛和足协执行委员会。

● 因为与运动相关或非运动相关原因被降级的俱乐部则失去职业联赛的会员资格，也因此失去在职业联赛管理机构（有时是在足联管理机构）中的席位。然而这取决于足协管理机构的构成（如挪威所有的俱乐部都可以参加足协会员大会，而巴西只有甲级联赛俱乐部才能参加会员大会）。

另外，如果俱乐部从一个职业职业联赛被降级到业余水平职业联赛，也就同时失去职业俱乐部地位，《法国甲级职业联赛规章》第 102 条写明了这一点：

俱乐部必须具有职业身份。

只有具有职业身份的俱乐部才被允许聘用职业运动员。

（……）

当法国全国联赛（Championnat National）中的俱乐部因为体育或行政方面的原因降级时，该俱乐部即丧失职业俱乐部的资格。[1]

1　原文为法语。

通常在这种情况下，职业俱乐部将有一段过渡期以修改它们的规章制度和职能以适应业余地位（如：法国有 2 年，瑞士有 4 年）。

另外，在独立实体模式职业联赛中，会员的准入和退出会对股份的划分构成影响，因为俱乐部是管理职业联赛的公司的股东。在英超联赛中，股份转让由章程规则第 B.4 和 B.5 条规定：

B.4. 在每个赛季末，董事会应要求被降级的俱乐部根据规则 C.11 签署一份转让协议，将其在职业联赛的普通股股份转让给升级到英超联赛的 3 个俱乐部。

B.5. 受让这些股份并完成注册的，每个升级的俱乐部都将成为职业联赛的新会员。

职业联赛会员的准入和退出在封闭式的职业联赛各不相同。与开放式职业联赛不同，封闭式职业联赛不采用升级／降级制度。在被研究的 32 个顶级职业联赛中，只有 5 个是封闭式的（印度联赛、新加坡联赛、澳大利亚联赛、美国职业足球大联盟和新西兰联赛）。其中的 4 个（印度、新加坡、澳大利亚和新西兰）是足协管理的协会模式职业联赛，这意味着会员的准入和退出完全由足协决定。在美国，关于俱乐部的会员资格的准入和退出完全由美国职业足球大联盟决定。

希望加入封闭式职业联赛的俱乐部必须满足与开放式职业联赛相似的要求。然而，对于封闭式职业联赛，与运动相关的标准的重要性处于次要地位，因为大多数新加入的俱乐部都是新建的俱乐部。即使新职业联赛会员是已经存在的俱乐部，它之前的体育表现也不会成为影响其加入职业联赛的主要标准。如 2012 年，蒙特利尔冲击队在打完之前的美国二级职业联赛后以第 7 名（一共 8 个参赛俱乐部）的成绩加入美国职业足球大联盟。根据美职联主席介绍，加入职业联赛的主要标准如下[1]：

- 股东投入参与管理
- 有一个全面和完整的球场建设和管理计划
- 在俱乐部所在城市有足够多热爱职业足球的球迷
- 赞助商、电视合作伙伴和其他公司和利益相关方的支持
- 地理位置
- 有设立俱乐部和顺利运营的商业战略计划

---

[1]　"MLS aims to add four teams by 2020"，http://m.goal.com，2013 年 7 月 31 日（最后访问于 2014 年 1 月 8 日）。

俱乐部可能因为经济或纪律原因被要求退出封闭性职业联赛，如在澳大利亚甲级职业联赛就出现过类似的情况：黄金海岸联队和北昆士兰怒吼队[1]就被要求退出联赛。

1　"A-League revokes Gold Coast licence", http://www.heraldsun.com.au, 2012 年 2 月 29 日。" North Queensland Fury dropped from A-League after being found "too big of financial risk", http://www.foxsports.com.au, 2011 年 3 月 1 日（最后访问于 2014 年 1 月 8 日）。

结　语

　　这份报告为读者提供了全球范围内 32 个国家的足球协会和联赛之间关系的比较研究，给我们描述了世界各国现行的各种情况的多样性，同时也为我们展现了世界范围内足球治理方面的发展趋势。

　　首先，我们将联赛按照3个标准进行分类：它们的法律形式、各国足协在联赛管理方面的介入程度以及联赛与足协的财务关系。这个分析表明标准的管理模式并不存在。尽管一些联赛在这3个方面有一些相似性，但联赛的治理模式却各不相同。

　　一些足球发展中国家和地区借鉴和学习那些体育上和经济上都成功的联赛的做法，比如说英超联赛。尽管目前仍然属于少数，但是那些在与本国足协关系方面拥有较高程度的权力和独立性的独立实体模式联赛越来越多。

　　尽管如此，联赛和足协治理关系最大的特点，仍然是每个国家都在寻找最适合自己国情的方法去治理联赛和足协的关系。这份报告的目的就在于帮助他们更多地了解其他国家的情

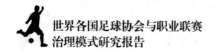

世界各国足球协会与职业联赛
治理模式研究报告

况，以便找到最适合自己国情和足球发展的解决方案。

同时，我们需要了解的重要一点就是：本报告涉及的很多联赛都是完全或至少部分由其本国足协进行管理的。这项调查表明国家足协在很多被调查的国家中仍然拥有很大的权力。联赛与足协事实上不可能完全独立于对方。尽管单一个联赛看上去比较独立，特别是在财务管理方面比较独立，但足协仍然在联赛的某些决策方面有话语权。

这份报告同样也关注和讨论足协的治理结构中联赛的代表席位和表决权问题。我们的分析表明联赛往往只有有限的决策权，因为联赛在足协中的投票权往往不超过 30%。

事实上，业余足球通过它们自己的代表，包括通过地区足协和利益团体代表，往往在投票权方面可能会高于某个职业足球联赛。从另一方面而言，这是符合逻辑的。因为绝大多数职业足球运动员是来自业余足球界。从人口统计方面看，业余足球的影响力往往高于职业足球。但在那些足球发达国家，特别是足球商业化程度比较高的国家，业余足球无法与职业联赛的巨大的经济影响力相提并论。这也就解释了为什么很多发展程度较高的联赛会从商业角度尽可能地去游说，以增加它们在全国和全世界的影响力。

在联赛内部的管理机构中，尽管国家足协代表整个足球运动，但在代表权和投票权方面却是受到限制的。当国家足协不能完全管理联赛的时候，足协往往就无法在联赛内部治理结构中有太多的话语权。进一步而言，在很多案例中，国家足协在顶级职业联赛的决策过程中往往没有太多的投票权。关于联赛和足协的代表权和投票权的问题比较复杂，如果不能做好平衡，就会对足球运动管理造成负面影响。一个简单的原因就是足协和联赛的发展目标往往并不一致。从表面上看，两者可能就会有冲突，因为足协的目标是发展整个足球运动，而联赛的目标主要是保证赛事的商业化运作并推广足球运动。如果没有一个合适的关系结构及良好的权力平衡，足协和联赛之间的差异往往就会带来问题。从长远来说，这将影响这个国家足球运动的顺利发展。

最后，在一些国家，当足协无法完全从全国范围内治理和管理足球运动时，我们会注意到足协和联赛之间是一个爱恨交加的关系。在一些方面，它们彼此需要，但同时它们又不愿意另一方过多地介入它们自己的组织治理。这是一种非常微妙的平衡。

参考文献

除了参考不同国家足协或联赛的规定之外，作者在编写本研究报告时还参考了如下资料：

AMARA, M., Henry, I., Liang, J. & Uchiumi, K. ,2005: 'The Governance of Professional Soccer: five Case Studies - Algeria, China, England, France and Japan', *European Journal of Sport Science*, 5, 4: 189–206.

EPFL-Association of European Professional Football Leagues, 2011: *EPFL Report on European Professional Football Leagues Organization, Structure and Governance Season 2009/10*, Nyon: EPFL-Association of European Professional Football Leagues.

FIFA, 2012: *FIFA Member Associations Marketing Surveys*, Zurich: FIFA.

GREEN, B. A. ,2009: 'Can Major League Soccer Survive another Antitrust Challenge?', *Sweet & Maxwell's International*

Sports Law Review, 9: 79 – 91.

Primault, D., Prouty, D. M., Ross, S. and Zimbalist, A. ,2012: 'Major League Soccer: un nouveau modèle ? ', *Jurisport,* 199: 27.

Southall, R. M. and Nagel, M. S. ,2007: ' Marketing Professional Soccer in the United States: the Successes and Failures of the MLS and the WUSA '. In Desbordes, M. (ed) , *Marketing and Football, an International Perspective.* Amsterdam: Elsevier, 366–394.

UEFA, 2010: *UEFA Survey on Professional League Organisations 2009/10,* Nyon: UEFA.

附 录

附件一：联赛的法律形式

结构	足协	协会模式			独立实体模式		
		足协管理	无财务独立的自我管理	财务独立的自我管理	足协是大股东	足协是小股东	足协没有股份
英超联赛	英格兰					X	
英格兰足球联赛（英冠、英甲、英乙）	英格兰						X
英格兰足球大会 全国联赛（五级、六级联赛）	英格兰						X
法国足球职业联赛(法甲、法乙)	法国			X			
法国业余足球联赛	法国	X					
德国职业足球联赛(德甲、德乙)	德国			X			
德国丙级联赛	德国	X					
意大利全国职业足球甲级联赛	意大利			X			
意大利全国职业足球乙级联赛	意大利			X			
意大利丙级足球联赛	意大利			X			
意大利业余足球联赛	意大利			X			
挪威足球联赛（挪超、挪甲）	挪威	X					
挪威联赛	挪威	X					
波兰超级联赛	波兰					X	
波兰足协联赛	波兰	X					
西班牙职业足球联赛（西甲、西乙）	西班牙			X			

结构	足协	协会模式			独立实体模式		
西班牙全国业余足球联赛	西班牙	X					
瑞士足球联赛	瑞士		X				
瑞士甲级联赛	瑞士		X				
瑞士业余联赛	瑞士		X				
乌克兰超级联赛	乌克兰		X				
乌克兰职业足球联赛（二、三级联赛）	乌克兰		X				
喀麦隆足球职业联赛	喀麦隆		X				
佛得角全国冠军赛	佛得角	X					
科特迪瓦职业联赛	科特迪瓦	X					
科特迪瓦业余联赛	科特迪瓦	X					
肯尼亚超级联赛	肯尼亚				X		
肯尼亚足协甲级联赛	肯尼亚	X					
塞内加尔足球职业联赛	塞内加尔		X				
塞内加尔业余足球联赛	塞内加尔	X					
南非国家足球联赛	南非						X
南非足协乙级联赛	南非	X					
南非足协地区联赛	南非	X					
突尼斯全国足球职业联赛	突尼斯	X					
突尼斯全国足球业余联赛	突尼斯	X					
赞比亚甲级超级联赛	赞比亚	X					
第一联赛	赞比亚	X					
澳大利亚联赛	澳大利亚	X					
印度足球联赛	印度	X					
印度尼西亚超级联赛	印度尼西亚				X		
印度尼西亚联赛	印度尼西亚	X					

续表

结构	足协	协会模式		独立实体模式	
日本 J 联赛（三级）	日本		X		
日本足球联赛（第四级）	日本		X		
卡塔尔星级联赛	卡塔尔		X		
卡塔尔第二级联赛	卡塔尔	X			
新加坡联赛	新加坡	X			
新加坡全国足球联赛	新加坡	X			
洪都拉斯全国足球职业联赛	洪都拉斯		X		
洪都拉斯全国业余联赛	洪都拉斯		X		
牙买加足球协会职业联赛	牙买加			X	
墨西哥足球超级联赛	墨西哥		X		
墨西哥甲级联赛	墨西哥		X		
墨西哥乙级联赛	墨西哥	X			
墨西哥丙级联赛	墨西哥	X			
美国职业足球大联盟	美国				X
北美足球联盟	美国				X
美国足球联盟	美国				X
美国成人足球协会联赛（美国业余联赛）	美国		X		
巴西全国足球联赛	巴西	X			
智利足协全国职业联赛	智利		X		
智利足协全国业余联赛	智利		X		
委内瑞拉足协联赛	委内瑞拉	X			
新西兰全国联赛	新西兰	X			
巴布亚新几内亚足球联赛	巴布亚新几内亚	X			
巴布亚新几内亚业余联赛	巴布亚新几内亚	X			

附件二：调整联赛和足协关系的法律文件

结构	足协	调整联赛和足协关系的文件				
		没有文件（足协管理模式）	联赛规章制度	足协章程、规章制度	特别协议	国家体育法
英超联赛	英格兰		X	X	X	
英格兰足球联赛	英格兰		X	X		
英格兰足球大会	英格兰		X	X		
法国足球甲级联赛	法国		X	X	X	X
法国业余足球联赛	法国	X				
德甲联赛	德国		X	X	X	
德国三级联赛	德国	X				
意大利全国职业足球 A 级联赛	意大利		X	X	X	X
意大利全国职业足球 B 级联赛	意大利		X	X	X	X
意大利甲级联赛	意大利		X	X	X	X
意大利业余足球联赛	意大利		X	X	X	X
挪威足球联赛	挪威	X				
挪威联赛	挪威	X				
波兰超级联赛	波兰		X	X	X	
波兰足协联赛	波兰	X				
西甲联赛	西班牙		X	X	X	X
西班牙全国业余足球联赛	西班牙	X				
瑞士足球联赛	瑞士		X	X	X	
瑞士甲级联赛	瑞士		X	X	X	
瑞士业余联赛	瑞士		X	X	X	
乌克兰超级联赛	乌克兰		X	X	X	
乌克兰职业足球联赛	乌克兰		X	X	X	
喀麦隆足球职业联赛	喀麦隆		X	X		
佛得角全国冠军赛	佛得角	X				
科特迪瓦职业联赛	科特迪瓦	X				
科特迪瓦业余联赛	科特迪瓦	X				
肯尼亚超级联赛	肯尼亚		X	X		
肯尼亚足协第一联赛	肯尼亚	X				
塞内加尔足球职业联赛	塞内加尔		X	X	X	
塞内加尔业余足球联赛	塞内加尔	X				
南非国家足球联赛	南非		X	X		
南非足协第二联赛	南非	X				
南非足协地区联赛	南非	X				

续表

结构	足协	调整联赛和足协关系的文件				
		没有文件（足协管理模式）	联赛规章制度	足协章程、规章制度	特别协议	国家体育法
突尼斯全国足球职业联赛	突尼斯	X				
突尼斯全国足球业余联赛	突尼斯	X				
超级联赛	赞比亚	X				
第一联赛	赞比亚	X				
澳大利亚联赛	澳大利亚				X	
印度联赛	印度	X				
印度尼西亚超级联赛	印度尼西亚		X	X	X	
印度尼西亚联赛	印度尼西亚	X				
日本联赛	日本		X	X		
日本足球联赛	日本		X	X		
卡塔尔星级联赛	卡塔尔		X	X		
卡塔尔第二联赛	卡塔尔	X				
新加坡联赛	新加坡	X				
新加坡全国足球联赛	新加坡	X				
洪都拉斯全国足球职业联赛	洪都拉斯		X	X		
洪都拉斯全国业余联赛	洪都拉斯		X	X		
牙买加足球协会职业联赛	牙买加		X	X	X	
墨西哥联赛	墨西哥		X	X		
墨西哥甲级联赛	墨西哥		X	X		
墨西哥第二联赛	墨西哥		X	X		
墨西哥第三联赛	墨西哥		X	X		
美国职业足球大联盟	美国		X	X		
北美足球联盟	美国		X	X		
美国联合足球联赛	美国		X	X		
美国成人足球协会联赛	美国		X	X		
巴西冠军赛	巴西	X				
智利足协全国职业联赛	智利		X	X		
智利足协全国业余联赛	智利		X	X		
委内瑞拉足协联赛	委瑞内拉	X				
新西兰全国联赛	新西兰	X				
巴布亚新几内亚足球联赛	巴布亚新几内亚	X				
巴布亚新几内亚俱乐部冠军赛	巴布亚新几内亚	X				

附件三：联赛在足协会员大会中的代表

结构	足协	会员大会中的代表	会员大会中的投票权	会员大会中其他利益相关者
英格兰超级联赛	英格兰	8/100—110	8%—9%	主席 + 副主席 + 副主任 + 联赛代表 + 地区足协 + 足球联赛 + 其他联赛 + 其他代表（裁判、联赛经理、职业运动员、种族平等、残疾、球迷、独立非执行主任、秘书长）
法国足球甲级联赛	法国	43/254	37%	业余代表
德国足球甲级联赛	德国	90/259	35%	地方联赛 + 足协内部会员
意大利全国第一职业联赛	意大利	20/288	12%	第二联赛 + 职业联赛 + 业余代表 + 球员 + 教练 + 裁判
挪威足球联赛	挪威	32/300—400	18%	其他俱乐部
波兰超级联赛	波兰	32 /118	27%	地区足协 + 第一联赛俱乐部 + 裁判代表 + 女子足球代表 + 五人制足球
西班牙足球甲级联赛	西班牙	30 /180	17%	主席 + 地区足协主席 + 业余俱乐部 + 职业球员 + 非职业球员 + 裁判代表 + 教练代表 + 五人制足球代表
瑞士足球联赛	瑞士	28/101	27%	业余代表
乌克兰超级联赛	乌克兰	3/147	2%	足协成员（未知）
喀麦隆足球职业联赛	喀麦隆	5/111	4%	青年足球代表 + 女足代表 + 退伍军人及企业足球代表 + 五人足球和海滩足球代表 + 地区联赛代表 + 运动员代表 + 教练代表 + 裁判代表 + 政府代表
佛得角全国冠军赛	佛得角	0/ 未知	0%	地区足协
科特迪瓦足球职业联赛	科特迪瓦	76/126	68%	第三联赛俱乐部代表 + 5 个利益团体（退役球员、球员、教练和技术人员、运动医生、裁判代表）
肯尼亚超级联赛	肯尼亚	16/78	20%	第一联赛（二级联赛）+ 地区足协代表 + 裁判代表 + 运动员代表 + 教练代表 + 女子足球代表
塞内加尔足球职业联赛	塞内加尔	32/未知	未知	业余俱乐部 + 地区联赛代表 +ONCAV（"假期活动协调国家组织"）（2 票）+ 其他成员
南非国家足球联赛	南非	6/189	5%	地区足协代表 + 利益团体（足球医生、教练、学校足球、大学足球、军队足球、退伍军人足球、公司足球、聋人足球、智力障碍者足球、五人制足球、支持者、运动员协会的代表）

续表

结构	足协	会员大会中的代表	会员大会中的投票权	会员大会中其他利益相关者
突尼斯全国足球职业联赛	突尼斯	36/未知	未知	业余足球＋沙滩足球、五人制足球、女子足球代表
超级联赛	赞比亚	16/未知	未知	其他俱乐部＋地区足协＋运动员＋裁判＋教练＋学校足球＋执行委员会成员＋当然委员（未知）
澳大利亚联赛	澳大利亚	1/10	10%	地区足协
印度联赛	印度	0/34	0%	
印度尼西亚超级联赛	印度尼西亚	18/108	17%	超级联赛俱乐部＋第一联赛俱乐部＋第二联赛俱乐部＋第三联赛俱乐部＋地区足协＋五人足球＋运动员＋教练代表
日本联赛	日本	0/47	0%	地区足协
卡塔尔星级联赛	卡塔尔	未知	未知	俱乐部＋其他（未知）
新加坡联赛	新加坡	3/23	10%	执行委员会成员＋当然成员成员（秘书长和新加坡联赛 CEO）
洪都拉斯全国足球职业联赛	洪都拉斯	8/26	31%	地区足协代表＋洪都拉斯全国业余联赛（第二联赛）代表＋执行委员会成员及秘书长
牙买加足球协会职业联赛	牙买加	0/ 未知	0%	地区足协
墨西哥联赛	墨西哥	5/15	55%	业余联赛代表＋墨西哥甲级联赛＋墨西哥第二联赛＋墨西哥第三联赛
美国职业足球大联盟	美国	未知	未知	州足协＋全国协会＋职业联赛＋运动员（至少 20% 投票权）＋董事会成员＋前主席＋终身会员＋全国会员＋附属机构＋室内足球＋残疾人足球＋成年人与青年足球成员
巴西冠军赛	巴西	20 /47	42%	地区足协
智利足协全国职业联赛	智利	9/21	47%	主席＋业余代表＋主任＋秘书长
委内瑞拉超级联赛	委内瑞拉	18/69	26%	地区足协＋属于国家级别的选拔中的运动员＋职业运动员代表＋裁判代表＋教练代表＋执行委员会及常设委员会成员
新西兰全国联赛	新西兰	0/7	0%	地方足协
巴布亚新几内亚足球联赛	巴布亚新几内亚	0/ 未知	0%	地方足协

附件四：联赛在足协执委会中的代表

结构	足协	会员大会中的代表	会员大会中的投票	会员大会中其他利益相关者
英超联赛	英格兰	2/12	17%	足球联赛代表（低级别足球联赛）+ 业余代表 + 独立非执行主管 + 主席 + 秘书长
法国足球职业联赛	法国	1/12	8%	主席 + 副主席 + 财务主管 + 秘书长 + 业余足球代表 + 其他由会员大会选举的成员
德甲联赛	德国	16/56	未知	地区足协 + 主席董事会成员
意大利足球甲级联赛	意大利	3/21	14%	乙级联赛代表 + 甲级联赛代表 + 业余足球联赛代表 + 运动员代表 + 裁判 / 经理代表 + 主席
挪威足球联赛	挪威	1/8	12.5%	其他由会员大会选举的成员
波兰超级联赛	波兰	1/6	17%	主席 + 副主席
西班牙甲级联赛	西班牙	2/16	15%	业余俱乐部代表 + 主席、秘书长、行政长、司法部门主管 + 地区协会代表 + 职业运动员代表 + 业余运动员代表 + 裁判代表 + 教练代表
瑞士足球联赛	瑞士	2/7	29%	中心主席 + 甲级 / 业余联赛代表 + 秘书长 + 交流主管 + 技术主管 +A 队及 U21 国家队的负责人
乌克兰超级联赛	乌克兰	1/15	7%	其他由会员大会选举的成员
喀麦隆足球职业联赛	喀麦隆	1/27	4%	主席 + 地区协会代表 + 运动员协会代表
佛得角全国冠军赛	佛得角	未知 /7	未知	未知
科特迪瓦职业联赛	科特迪瓦	未知 /18	28%	主席 + 副主席 + 其他成员（D3 俱乐部代表 + 利益团体代表）
肯尼亚超级联赛	肯尼亚	1/12	8%	足协主席 + 足协副主席 + 第一联赛代表(二级联赛) + 地方代表
塞内加尔足球职业联赛	塞内加尔	6/ 23	26%	主席 + 副主席（代表业余足球，地区联赛，ONCAV，业余俱乐部和国际运动员）+3 个"塞内加尔全国业余联赛"（俱乐部）+ 地区联赛 + 其他成员 [女足代表 + 特别足球代表（沙滩足球、五人足球）+ 足球医生代表]

续表

结构	足协	会员大会中的代表	会员大会中的投票	会员大会中其他利益相关者
南非国家足球联赛	南非	4/40	10%	主席＋副主席＋地区协会代表＋其他会员大会选举的成员
突尼斯全国足球职业联赛	突尼斯	1/17	7%(1/14)	主席＋副主席＋业余足球代表＋秘书长＋裁判委员会主席
超级联赛	赞比亚	未知/11	未知	未知
澳大利亚联赛	澳大利亚	0/6—9	0%	其他由会员大会选举和足协主席任命的成员
印度联赛	印度	0/19	0%	主席＋财务总管＋副主席（代表的5个地理区域）＋地区足协代表＋服务业体育管理董事会或铁路体育促进委员会的1位代表（轮值）＋女性委员会选举的成员
印度尼西亚超级联赛	印度尼西亚	0/15	0%	主席＋副主席＋其他成员
日本联赛	日本	3/27	11%	主席＋副主席＋秘书长＋21位其他成员（9个地区协会代表、独立成员—大学教授、文化人物、律师……）
卡塔尔星级联赛	卡塔尔	2/未知	未知	未知
新加坡联赛	新加坡	0/8	0%	主席＋4位副主席＋财务主管＋秘书长
洪都拉斯全国职业足球联赛	洪都拉斯	未知	未知	未知
牙买加足球协会职业联赛	牙买加	4/34	12%	主席＋副主席＋财务主管＋执行官员＋同盟主席＋地区协会代表＋常设委员会主席
墨西哥联赛	墨西哥	1/5	50%	业余部门代表＋墨西哥甲级联赛＋墨西哥第二联赛代表＋墨西哥第三联赛代表
美国职业足球大联盟	美国	2/未知	未知	主席＋副主席＋前主席＋秘书长＋成年理事会代表＋青年理事会代表＋运动员＋独立主席＋"任意"代表（残疾人、五人足球、国家附属机构、国家协会、国家成员、其他）＋秘书长（无投票权）
巴西冠军赛	巴西	未知/6	未知	未知

结构	足协	会员大会中的代表	会员大会中的投票	会员大会中其他利益相关者
智利足协全国职业联赛	智利	4/7	57%	业余代表
委内瑞拉超级联赛	委内瑞拉	未知/11	未知/11	主席+副主席+秘书长+运动员代表+裁判代表+裁判代表+其他成员
新西兰全国联赛	新西兰	0/7	0%	会员大会选择的3位成员及独立机构选择的4位成员
巴布亚新几内亚全国联赛	巴布亚新几内亚	未知/7	未知	主席+高级副主席+初级副主席+其他成员

图表清单